G. BEREAUX 1980

CHRONIQUE DE BRETAGNE

DE

JEAN DE SAINT-PAUL

CHAMBELLAN DU DUC FRANÇOIS II

PUBLIÉE AVEC NOTES ET INTRODUCTION

PAR

ARTHUR DE LA BORDERIE

Membre du Comité des Travaux historiques

NANTES
SOCIÉTÉ DES BIBLIOPHILES BRETONS
ET DE L'HISTOIRE DE BRETAGNE

—

M.DCCC.LXXXI

CHRONIQUE DE BRETAGNE

DE

JEAN DE SAINT-PAUL

La Chronique de Bretagne de Jean de Saint-Paul a été tirée à 350 exemplaires in-4° vergé pour les membres de la *Société des Bibliophiles Bretons*, et à 150 in-8°, même papier, pour être mis en vente.

———

N° 104

CHRONIQUE DE BRETAGNE

DE

JEAN DE SAINT-PAUL

CHAMBELLAN DU DUC FRANÇOIS II

PUBLIÉE AVEC NOTES ET INTRODUCTION

PAR

ARTHUR DE LA BORDERIE

Membre du Comité des Travaux historiques

NANTES

SOCIÉTÉ DES BIBLIOPHILES BRETONS

ET DE L'HISTOIRE DE BRETAGNE

—

M.DCCC.LXXXI

INTRODUCTION

—

JEAN DE SAINT-PAUL

SA FAMILLE ET SA CHRONIQUE

EN publiant la Chronique inédite de Jean de Saint-Paul, la Société des Bibliophiles Bretons et de l'Histoire de Bretagne *est pleinement dans son rôle.*

Jean de Saint-Paul était Breton, il a écrit en français, il vivait au XVe siècle : on sait combien sont rares les auteurs bretons de ce siècle qui ont écrit en français.

De plus, l'œuvre de Jean de Saint-Paul est, à notre connaissance, le premier essai d'une Histoire de Bretagne *en langue vulgaire.*

A

Avant la fin du XIVe siècle, un habitant de Saint-Brieuc dont on ignore le nom, probablement l'un des chanoines de cette ville, avait fondu en un corps d'ouvrage les documents qu'il avait pu réunir sur l'histoire de notre province; mais cette première en date de toutes les Histoires de Bretagne, partiellement éditée par Dom Morice, connue sous le nom de Chronicon Briocense, *est écrite en latin et même en latin barbare. Elle n'en mériterait pas moins une étude sérieuse; mais elle laisse à Jean de Saint-Paul — certainement antérieur à Pierre Le Baud — le mérite d'avoir essayé le premier, en usant de la langue vulgaire, de rendre accessibles à tous les annales de la Bretagne.*

Avant de parler de l'œuvre, parlons de l'auteur, de son origine et de sa famille; car si l'œuvre est inédite, l'auteur est entièrement inconnu; dans les Biographies *les plus spéciales, dans les plus universelles, de lui pas un mot.*

I

Dans les Réformations du XVe siècle, sous la date de 1445, la famille de Saint-Paul *est mentionnée comme noble, possédant la terre de Coët-léan, sise en l'évêché de Cornouaille, paroisse de*

Plusquellec[1]*. Elle portait, seion Gui Le Borgne,* de gueules au chef endenché d'or à cinq pointes ; *et selon M. de Courcy, elle a aussi possédé les terres nobles de Crec'héren et de Kermarquer.*

Outre cette famille de Saint-Paul, M. de Courcy mentionne, dans la 2ᵉ édition de son Armorial de Bretagne, *une famille de Saint-Pou, qu'il distingue de la première,— à tort, croyons-nous. Au moyen âge, où l'orthographe n'était pas fixée,* Paul, Pol, Poul, Pau, Po, Pou, *sont exactement le même nom. Pour cette prétendue famille de Saint-Pou M. de Courcy ne peut fournir ni armes particulières, ni texte des Réformations, rien autre que la mention d'un Raoul et d'un Rolland de Saint-Pou, dont le nom (nous le verrons plus loin) a aussi été écrit* Saint-Poul, Saint-Pol *et* Saint-Po. *Il n'y a donc là qu'un seul nom, qu'une seule famille* [2].

Cette race paraît dans les actes historiques dès le XIVᵉ siècle.

[1] P. de Courcy, *Armorial de Bretagne,* 2ᵉ édition, au mot *Saint-Paul.* — Plusquellec, aujourd'hui commune du canton de Callac, arrondissement de Guingamp, département des Côtes-du-Nord.

[2] Entre les mille preuves de l'identité nominale de *Paul, Pol* et *Pou,* nous n'en citerons qu'une. Guillaume de Saint-André, secrétaire du duc de Bretagne Jean IV, dans sa Chronique rimée, nomme Saint-Pol de Léon *Saint-Pou :* « En Léon aussi à *Saint-Pou.* » (D. Morice, *Preuves de l'Histoire de Bretagne,* II, col. 339 ; édition Charrière, p. 504.)

En 1363 (nouveau style), le 2 février, Jean de Saint-Pol, « escuyer de Bretagne, » donne quittance au trésorier du roi de 400 francs d'or, à lui payés pour ses gages et ceux des gens d'armes de sa compagnie[1].

En 1371, Raoul de Saint-Pou figure dans les montres de l'illustre connétable Bertrand du Guesclin[2], *et dix ans plus tard, sous le nom de Saint-Pol, parmi les gentilshommes qui ratifient le second traité de Guérande, conclu en 1381 entre le roi de France et le duc de Bretagne*[3].

En 1374, Bertrand de Saint-Pol sert dans la compagnie de Geoffroi Maillechat, et en 1378, Olivier de Saint-Pou dans celle d'Olivier du Besso[4].

Au commencement du XV[a] *siècle, « messire Robert de Saint-Pol » fut maître de fauconnerie du duc de Bretagne Jean V jusqu'au 1*[er] *juillet 1418 ; sa femme, la « dame de Saint-Pou, » avait à la même époque « bouche à cour, » c'est-à-dire, son couvert mis à la table de l'hôtel ducal*[5].

Ce Robert pourrait bien être l'aïeul de notre chroniqueur. Mais on peut prendre pour certain

[1] D. Morice, *Preuves de l'Histoire de Bretagne*, t. I, col. 1557.
[2] *Ibid.*, 1651, 1652.
[3] *Ibid.*, t. II, 276.
[4] *Ibid.*, 81 et 86.
[5] *Ibid.*, 898, 899.

que *Rolland de Saint-Paul, Saint-Poul ou Saint-Pou, dont on va parler avec détail, était son père.*

II

Ce Rolland tint une place importante à la cour du duc de Bretagne Jean V. En 1411, il faisait partie des Gens de monseigneur le Duc, *et en 1414, il servait comme* « escuyer » *près de la personne du prince* [1]. *En 1420, toujours attaché à la maison ducale, il portait le titre de* « messire, » *et il s'engageait avec ardeur dans la ligue des seigneurs bretons contre les Penthièvre, coupables d'avoir pris par trahison (le 13 février) et détenu pendant cinq mois la personne du duc* [2]. *L'année suivante, dans la* Revue des ordonnances du Duc touchant l'estat de sa maison, *on lit cet article :*

« *Item, Monsieur (le Duc) a ordonné* à chevau-« cher avec luy continuellement, pour la sûreté « de sa personne, *cent hommes d'armes, et ou* « *nombre desditz cent y a deux chevaliers, savoir* « *est, messire* Rolland de Saint-Pou *et messire* « *Prigent de Coëtmenech, lesquels cent hommes* « *d'armes auront bouche à court* [3]. »

[1] *Ibid.,* 831 et 875.
[2] *Ibid.,* 1060, 1066 et 1067.
[3] *Ibid.,* 1084.

Rolland de Saint-Paul avait donc toute la confiance du duc. Ce prince lui en donna, peu de temps après, une preuve encore plus significative. Olivier de Blois, chef de la maison de Penthièvre, principal auteur de l'attentat de 1420, après avoir refusé le pardon que le duc lui offrait, avait été, le 16 février 1421, par les Etats de Bretagne constitués en cour souveraine, condamné à mort. Depuis lors, ne se croyant plus en sûreté en France, il s'était rendu par la Suisse dans le Hainaut, où il avait la seigneurie d'Avesnes. Le duc de Bretagne l'apprit. Il désirait vivement tenir Olivier en son pouvoir. Il choisit six personnes de confiance, à qui il donna mission (4 janvier 1422) d'explorer secrètement le Hainaut, la Flandre et le Brabant, et d'user de tous les moyens pour s'emparer du comte de Penthièvre. A la tête de cette mission étaient Jean de Lannion et Rolland de « Saint-Poul.» Ils prirent la route de terre pendant que Guillaume Pressart, procureur-général de Bretagne, les suivait par mer, portant 16,000 écus d'or à leur disposition. Ils avaient de plus un crédit de 25,000 écus d'or sur Jacques Byese et Laurent Madreans, gros marchands de Bruges. Là plus qu'ailleurs l'argent, et surtout l'argent comptant, était le nerf de la guerre.

Quoique bien difficile, cette mission fut sur le point de réussir. Le marquis de Bade passant

quelque temps auparavant par le Hainaut, plusieurs des gens de sa suite avaient été pillés dans
ce voyage ; pour s'en venger, il s'était saisi d'Olivier de Blois qu'il entendait en rendre respon-
sable, et quand la mission bretonne arriva en
Flandre, il le tenait en prison. Restait à négocier
avec lui et à lui acheter son prisonnier. Il ne demandait qu'à le céder pour un beau prix, et les
Bretons, on l'a vu, avaient belle bourse. Malheureusement pour eux, le roi d'Angleterre — plus
ou moins brouillé alors avec le duc de Bretagne
— s'intéressa au comte de Penthièvre. Sa puis-
sante intervention changea les dispositions du
marquis de Bade, qui au demeurant ne voulait
qu'une chose : extraire de son prisonnier un
lingot d'or. Au lieu de le vendre à ses ennemis,
il tira de lui une rançon de 30,000 écus d'or et
le relâcha. Les Bretons ainsi frustrés revinrent
chez eux faire le compte de leurs dépenses qui,
malgré leur insuccès, ne montaient pas à moins
de 20,600 écus d'or [1].

En octobre 1424, le frère du duc Jean V,

[1] Voir D. Lobineau, *Hist. de Bret.*, I, 556 ; D. Morice, *Hist.*
I, 485-486, et *Pr.*, II, 1100 et 1138. — Dans l'arrêté de compte
qui est du 12 juin 1423, Rolland de Saint-Paul est appelé *Saint-
Pou* (*Pr.*, II, 1138), et dans les lettres de commission (*Ibid.*,
1100) *Saint-Poul*, qui est incontestablement le même nom que
Saint-Paul. Donc il n'y a ici vraiment qu'un nom et qu'une
famille.

Arthur de Bretagne, devenu si célèbre sous le nom de connétable de Richemont, alla à Angers trouver le roi de France avec quatorze ou quinze bandes de gens d'armes bretons; l'une d'elles était commandée par Rolland de « Saint-Poul »[1]. En septembre 1426, il suivait encore le connétable et servait sous ses ordres à Pontorson[2]; il était alors chambellan du duc[3], qui lui confia de nouveau, en 1430, une mission fort délicate, quoique fort différente de celle de 1422.

Cette fois, il s'agissait d'un mariage, non à faire mais à défaire. En 1417, Jean V avait promis sa fille Isabeau à Louis III duc d'Anjou, petit-fils de Louis, premier duc d'Anjou, frère du roi de France Charles V. La future n'ayant alors que cinq ans et le futur sept, la réalisation de ce mariage avait été ajournée à sept ans. En 1424 (21 octobre), un nouveau traité de mariage fut arrêté sous les auspices du roi de France, qui voulait cette union et s'obligea à payer les 100,000 francs de dot que Jean V avait promis à sa fille. Ce traité portait que le mariage serait célébré à la Saint-Martin pro-

---

[1] D. Morice, *Pr.*, II, 1149.

[2] D. Lobineau, *Hist. de Bret.*, I, 569.

[3] D. Morice, *Preuves*, II, 1223, 1224, Compte de Jean Droniou trésorier-général de Bretagne. Rolland y est nommé indifféremment Saint-Pou et Saint-Po.

chaine (*11 novembre 1424*) ou le plus tôt possible après cette fête.

Le futur époux était alors loin de la France. Appelé en *1422* au trône de Naples et de Sicile, il résidait depuis cette époque en Italie, et dès le *31 mars 1424,* de son château d'Aversa près Naples, il avait donné procuration à Jean de Craon seigneur de la Suze, à Gui de Laval et à Etienne Fillastre, juge ordinaire d'Anjou et du Maine, pour épouser en son nom, par paroles de présent, la princesse de Bretagne[1].

Après cette cérémonie, celle-ci resta comme devant auprès de son père, pendant que le roi son mari demeurait en Italie. Quand le mariage avait été conclu (en *1417*), Louis III n'étant que duc d'Anjou devait habiter en France, et le plus souvent à Angers, ce qui eût permis à Isabeau de Bretagne de voir fréquemment son père et sa famille. Louis III maintenant, devenu roi de Sicile, ne pouvait résider qu'en Italie : ce chan-

[1] Cet acte est ainsi daté : « Datum Aversæ, die ultima mensis Martii secundæ Indictionis, anno Domini millesimo quadringentesimo vicesimo quarto. » (D. Morice, *Pr.,* II, 1102.) D. Morice, dans son *Histoire de Bretagne* (I, p. 494) croit que cette date, en style actuel, répond au « 30 mars 1425. » C'est une erreur. Au moins faudrait-il dire 31 mars, le dernier jour de mars ayant toujours été le 31. De plus, l'indiction 2ᵉ désigne nécessairemen 1424 (1425 est la 3ᵉ année de l'indiction) ; et ceci est tout naturel, car les Italiens ne commençaient point l'année à Pâques comme les Français d'alors, mais à Noël ou au 1ᵉʳ janvier, comme nous le faisons aujourd'hui.

gement, privant la princesse de sa patrie et de
sa famille, l'eût jetée en un véritable exil. Ni
elle ni son père Jean V — bon homme, qui ai-
mait fort ses enfants — ne pouvaient s'y rési-
gner. Malgré les réclamations de l'époux, le duc
de Bretagne continuait de garder sa fille près
de lui.

Cette situation ne pouvait se prolonger indéfi-
niment. Quand Isabeau de Bretagne eut dix-huit
ans, il fallut prendre un parti. Jean V ne pou-
vant se résoudre à se séparer de sa fille, au lieu
de l'envoyer à son mari, envoya à Rome, en
1430, deux ambassadeurs demander l'annulation
du mariage. Le premier de ces envoyés était
Rolland de Saint-Paul. Il représenta au pape
qu'Isabeau était parente du roi de Sicile au
troisième ou quatrième degré, ce dont la dispense
obtenue pour le mariage ne faisait pas mention,
et qu'en outre la princesse de Bretagne n'avait
jamais personnellement consenti à cette union.
Rome admit ces motifs comme pertinents, et
Rolland de Saint-Paul eut l'habileté de faire
nommer par le pape, pour examiner la cause et
rendre le jugement, Guillaume de Montfort,
évêque de Saint-Malo, oncle du comte de Laval,
à qui Jean V destinait la main de sa fille dès
qu'elle serait délivrée du roi de Sicile.

De Rome, Rolland de Saint-Paul fut à Naples

exhorter le roi de Sicile à accepter de bonne grâce l'annulation de son mariage. Il ne semble pas avoir réussi. Pas plus que dans une autre partie de sa mission en Italie, consistant à voir le duc de Savoie pour traiter du mariage d'une de ses filles avec François de Bretagne, comte de Montfort, fils aîné du duc Jean V. Cette union ne se fit pas. Mais, à peine cassée celle d'Isabeau de Bretagne et du roi de Sicile, dès le 1er octobre 1430, le duc célébra en pompe à Redon les noces de cette princesse avec Gui XIV de Laval [1].

L'année suivante, Rolland de Saint-Paul occupait le poste important de maître de l'artillerie de Bretagne; en octobre 1431, il inspectait en cette qualité les places de Rennes et de Fougères. En janvier 1432, il prenait part au siège de Pouancé avec une bande de dix hommes d'armes et de quatorze gens de trait [2]. *Enfin, en avril 1434, nous le rencontrons — pour la dernière fois — à Saint-Malo, chargé, avec le sire de Beaufort de la garde de cette place* [3].

---

[1] Voir D. Morice, *Pr.*, II, 947, 1102, 1149, 1169 ; et *Hist. de Bret.*, I, p. 494, 511; D. Lobineau, *H. de Bret.*, I. p. 432, 540 581, 584.

[2] D. Morice, *Pr.* II, 1235. Sur ce siège, voir ci-dessous p. 129 et 130, les notes 15 et 17 du chap. V de la *Chronique* de Saint-Paul.

[3] *Ibid.*, 1261.

III

Nous arrivons à notre chroniqueur. Le premier document où il paraisse est le compte de Jean de Vay, trésorier-général de Bretagne, pour les années 1442-1444. Il y figure sous le nom de « Jehan de Saint-Pou » et en la qualité d'Enfant de chambre, *c'est-à-dire de page du duc qui était alors François I*er*, fils aîné et successeur de Jean V* [1]. *En janvier 1446, notre auteur est arrivé à l'âge d'homme, il est maintenant « seigneur et sire de Saint-Pou, » et le duc, qui semble lui continuer l'affection que Jean V avait vouée à son père, lui donne pour étrennes un diamant, un tableau d'or en bas-relief, une coupe d'argent du poids de trois marcs, et à « Margot de Saint-Pou » — sa femme ou sa sœur, — aussi pour étrennes, une pièce de « tissu cramoisi »* [2]. *En 1448, encore pour étrennes du même au même, une autre coupe d'argent* [3].

Peu après, Jean de Saint-Paul fut employé, comme autrefois son père, dans une de ces mis-

[1] Jean V mourut le 28 août 1442, et le compte de Jean de Vay va du 19 août 1442 au 1er septembre 1444 ; voir dom Morice, *Pr.,* II, 1372.

[2] *Ibid.,* 1395, 1396, 1397.

[3] *Ibid.,* 1412. Ici et à la col. 1395, la date, étant en vieux style dans les comptes donnés par D. Morice, est chiffrée 1447 et 1445 ; c'est pour nous 1448 et 1446.

sions exclusivement réservées aux hommes investis de la confiance du duc. Par un traité signé le 27 juin 1448, ce prince venait de faire la paix avec les Penthièvre, dont l'aîné, Olivier de Blois ou de Bretagne, était mort alors depuis quinze ans, laissant trois frères, Jean, Charles et Guillaume, les deux premiers aussi coupables que leur aîné dans l'attentat de 1420, le dernier qui, sans y avoir pris aucune part à cause de sa grande jeunesse, en avait été pourtant le plus cruellement puni. Lorsque le duc Jean V, à peine sorti de prison, avait offert à ses geôliers de la veille leur pardon complet, sous l'unique condition d'une amende honorable en pleins Etats, les Penthièvre s'étaient d'abord empressés d'accepter cette offre et de livrer au duc, comme otage et comme garant de leurs promesses, le 6 août 1420, leur jeune frère Guillaume. Puis ils s'étaient ravisés, rebellés de nouveau au lieu de se soumettre, et Guillaume, resté aux mains de Jean V, s'était vu retenir captif pendant vingt-huit ans. On l'avait promené du château de Nantes dans celui de Vannes, du donjon de l'Isle[1] dans celui de Brest. Sa liberté fut une des premières conditions généreusement offertes par le duc François Ier dans son traité avec les Penthièvre.

[1] Près de la Roche-Bernard.

Guillaume était alors au château d'Aurai ; c'est là que notre Jean de Saint-Paul fut envoyé pour briser ses fers. Il trouva le pauvre prince épuisé de souffrance, d'ennui, de désespoir, presque aveugle à force de pleurer : il lui rendit à la fois la vie, la vue et la liberté [1].

Notre auteur avait pour le duc François Ier une affection profonde. Dans sa Chronique, *il trace sa figure avec amour, il raconte en détail ses derniers moments, dans lesquels il l'assista jusqu'au bout ; car le jour même du décès, 17 juillet 1450, on le trouve parmi les témoins appelés par le prince à son lit de mort pour entendre ses dernières volontés [2].*

Le duc Pierre II, soupçonneux et bizarre, ayant tenu à écarter de sa personne tous ceux qui avaient servi son prédécesseur, Jean de Saint-Paul cessa alors de faire partie de la maison ducale. Mais après la mort de ce prince (22 septembre 1457) il ne tarda point à y rentrer, et en 1460, nous le voyons figurer à la cour du duc François II avec la charge de chambellan et une pension de 200 livres [3].

[1] V. dom Morice, *Pr.*, II, 1050-51; *Hist.* II, p. 20; *Tit. du château de Nantes*, A. H. 2, 3, 6 ; et D. Lobineau, *H. de Bret.*, I, p. 551, 575, 602, 632.

[2] D. Morice, *Pr.*, II, 1538. Il est nommé là « Jehan sire de S. Pou. »

[3] *Ibid.*, 1746, sous le nom de « sire de S. Pou. »

*Il eut aussi l'honneur d'être admis dans la con-
fiance, et l'intimité de la bienheureuse duchesse
Françoise d'Amboise, qui employa son nom et
sa personne pour les acquisitions faites par elle
en faveur de ses pieuses fondations, entre autres
celle du couvent de Nazareth, près Vannes. Au
nombre des titres qu'elle remit aux Carmélites
de cette maison se trouve un contrat du 11 février
1467 (n.st.), « contenant vendition à Jehan, sei-
« gneur de Saint-Poul, garde naturel de Jacques
« son fils, de deux tonneaux et deux boisseaux et
« demi de froment et 15 s. 6 d. de rente, » dont
la jouissance était attribuée aux religieuses de
Nazareth [1].*

*Le fils de Jean de Saint-Paul ici mentionné
devait être le filleul d'un autre Jacques de Saint-
Paul, sans doute un frère de notre chroniqueur,
que le duc Pierre II décorait en 1455 du collier
de son ordre [2], et auquel notre dernier duc
François II assignait, en 1462, une pension de
mille livres [3].*

*Le titre du second chapitre de la Chronique
que nous publions [4] prouve que Jean de Saint-
Paul vivait encore et même écrivait ou révisait*

[1] D. Morice, *Pr.*, III, 162.
[2] D. Morice, *Pr.*, II, 1689.
[3] D. Morice, *Pr.*, III, 66.
[4] Voir ci-dessous p. 10.

son livre en 1474. La dernière mention de lui que fournissent les documents historiques est de 1476 (n. st.), 7 février, époque où nous le voyons figurer parmi les cinquante seigneurs bretons qui livrent leurs sceaux à la chancellerie ducale pour la ratification du traité de Senlis, conclu entre François II, duc de Bretagne, et Louis XI, roi de France [1].

IV

Jean de Saint-Paul et son père ne se bornèrent pas à servir leur prince et leur pays de leur épée. Tous deux, comme on vient de le voir, passèrent leur vie dans la maison, dans le service intime, dans la confiance et la familiarité des ducs de Bretagne du XVe siècle. De là en eux un attachement fort vif, un profond dévouement aux princes de la maison de Montfort, à leur

[1] *Ibid.*, 295. On trouve encore mention, dans les *Preuves de l'Histoire de Bretagne*, de quelques autres membres de cette famille, entre autres, en 1426, « Guillaume de Saint-Poul, » homme d'armes dans la compagnie de Gui de Laval, sire de Gavre, celui-là même qui épousa quelques années après Isabeau de Bretagne (*Ibid.*, II, 1197); — et, en 1498, Guillemin de Saint-Paul, archer dans une compagnie d'ordonnance du roi Charles VIII, sous les ordres de « messire Gilles de Tixué » (*Ibid.*, III, 820). De la même famille encore devait être Alain de Saint-Paul, qui servait en Guienne sous du Guesclin en 1377 (D. Morice, *Hist. de Bret.*, I, p. 355.)

personne, à leur cause dans le présent et dans le passé.

C'est ce sentiment qui mit à notre chroniqueur la plume en main. Il voulut d'abord tracer l'histoire de la longue et sanglante lutte commencée en 1341, terminée en 1364 par le triomphe de Montfort, l'histoire aussi des nombreuses épreuves imposées par la fortune au premier prince de cette branche, et qui avaient fait de sa vie un drame fécond en étranges péripéties. Il voulut ensuite transmettre à la postérité, tout au moins à ses enfants, le souvenir des princes que lui et son père avaient servis — Jean V, François Ier, Pierre II, Arthur III; — il retraça avec complaisance leur physionomie, leur caractère, les principaux événements de leur règne. Mais il ne s'en tint pas là.

Ce n'est pas impunément qu'on touche à un point d'histoire quelconque. On ne veut étudier qu'un détail, un règne, un siècle. La curiosité vous prend, vous désirez remonter des effets aux causes, pour bien juger du détail vous sentez le besoin de connaître l'ensemble. Ce fut le cas de notre auteur. Après avoir étudié, raconté à sa manière la seconde moitié du XIVe et la première du XVe siècle breton, il fut piqué du désir de connaître les époques, les dynasties antérieures, en un mot, la suite, l'ensemble de l'histoire de Bre-

tagne. *Il l'étudia dans une compilation intéressante, composée dès 1394, dite aujourd'hui la* Chronique de Saint-Brieuc, *écrite en latin, et qui par suite n'était guère utile qu'aux clercs. Pour en faire profiter ceux de ses compatriotes qui ne savaient pas le latin, il en rédigea un abrégé par règnes, en français, qui devint la première partie et, en quelque sorte, l'introduction de la chronique plus étendue déjà écrite par lui, commençant à 1341.*

Ainsi deux parties distinctes dans l'œuvre de Jean de Saint-Paul : la première qu'on peut appeler une Chronique abrégée des rois et ducs de Bretagne avant la maison de Montfort ; *la seconde qui est véritablement la* Chronique des ducs de Bretagne de la maison de Montfort, *de 1341 à la mort d'Arthur III en 1458.*

V

De cette œuvre, malheureusement, on ne connaît jusqu'ici que des fragments, et encore ne les connaît-on guère, puisque, depuis Lobineau [1] qui a tiré de là le récit du combat des Trente, ils semblent avoir été connus de trois personnes seu-

---

[1] En marge de la p. 343 du t. Ier de son *Histoire de Bretagne*, à l'occasion du combat des Trente, il cite parmi ses autorités la « Cr. ms. de Jean de S. Paul, écrite vers l'an 1470. »

lement, M. Pol de Courcy, M. J. de la Pilorgerie, et l'auteur de la présente notice.

Ces fragments sont des extraits faits par un
copiste du XVIe siècle — de 1525 à 1550, autant qu'on en peut juger sur l'écriture, — et qui
existent à Paris, à la bibliothèque de l'Arsenal,
dans le manuscrit coté 3912, anciennement
Histoire de France 263.

Ce manuscrit est un assez gros volume en
papier, petit in-folio, couvert de parchemin, sur
le dos duquel on lit en écriture du XVIe siècle :
IIe Tome de copies de lettres pour l'histoire de
Bretagne. A l'intérieur, un carré de papier collé
contre la garde porte cette note : 1 Cab. 1. G 6. —
Ce Ms. a été donné par Madame la Princesse de
Rohan, et présenté de sa part, le 19 février
1774, par M. Marchand, chargé de gérer ses
affaires. Ce volume contient un recueil, sans
aucun ordre, de copies et d'extraits de titres et
de chroniques concernant l'histoire de Bretagne,
surtout la querelle de Blois et de Montfort. Toutefois les 79 premiers feuillets renferment une
copie du procès-verbal des Parlements généraux
de Bretagne tenus en 1451, 1455 et 1462 : documents publiés dans les Preuves de l'Histoire de
Bretagne, II, 1564-1581, 1670-1675, et III,
col. 1-8.

Les extraits du livre de Jean de Saint-Paul

*occupent 49 feuillets de ce volume, de f. 85 à
f. 133. De f. 85 à f. 126, ils sont tirés de la*
Chronique de la maison de Montfort; *ceux des
sept derniers feuillets seulement appartiennent à
la* Chronique abrégée des ducs de Bretagne.

*Ces derniers extraits sont si secs et si abrégés
eux-mêmes, que, sauf un seul (celui qui regarde
Alain Barbetorte), ils ne peuvent guère nous
donner idée de la manière dont l'auteur avait
traité cette partie de son œuvre. C'est pourquoi, au lieu de les mettre en tête de notre
édition, suivant l'ordre chronologique, nous
avons cru devoir les rejeter à la fin, comme
une sorte d'appendice. Pour plus amples éclair-
cissements sur cette* Chronique abrégée, *voir
l'Avertissement qui la précède, ci-dessous p. 75
à 79.*

Les morceaux extraits de la Chronique des
ducs de la maison de Montfort *sont au nombre de
huit.*

*Le premier par ordre de date est un récit de la
bataille des Trente, d'où nos Bénédictins Lobineau et Morice, — qui ne connaissaient ni le
chapitre de Froissart [1] ni le poème contemporain
relatifs à cet événement, — ont tiré tous les dé-*

---

[1] *Chronique de Froissart*, liv. I, § 335-337, dans l'édition
de la Société de l'Histoire de France donnée par M. Siméon Luce,
t. IV (1873), pp. XLV-XLVI, 110 à 115, et 338 à 341.

tails de ce glorieux fait d'armes. Ce récit est un abrégé du poème, fidèlement fait, mais sur un manuscrit différant en plus d'un point de celui qu'imprima Crapelet en 1827 ; il serait assez aisé de le prouver ; nous remettons cet examen au jour où sera publiée la version de ce poème sortie naguère de la collection de M. Ambroise-Firmin Didot pour entrer à la Bibliothèque Nationale.

Le deuxième morceau, intitulé Extrait des guerres de Charles de Blois et du comte de Montfort, s'étend de la bataille de Mauron, en 1352, au second traité de Guérande, en 1381. Dans ce morceau, Jean de Saint-Paul suit presque partout, en la résumant très fidèlement, la Chronique rimée du duc Jean IV de Guillaume de Saint-André, publiée une première fois par D. Lobineau en 1707 (Histoire de Bretagne, II, col. 691 à 750), une seconde par D. Morice, qui n'a fait que copier l'édition de Lobineau, (Preuves de l'Histoire de Bretagne, II, 305-363) et plus complétement, en 1839, par M. Charrière, dans les Documents inédits de l'Histoire de France, au tome II (p. 420 à 560) de la Chronique de Bertrand du Guesclin. En certains cas cependant Saint-Paul s'en écarte : sur la bataille d'Aurai, par exemple, sur l'ambassade envoyée par Jean de Montfort au roi de France après cette bataille, il a des détails intéressants qui ne sont pas dans Guillaume de Saint-André. — Comme ce deuxième extrait est fort étendu et embrasse deux périodes fort distinctes — 1° la guerre de succession jusqu'à la paix de Guérande, 2° le règne de Jean IV depuis cette pacification, — nous l'avons, en l'imprimant, partagé en deux chapitres répondant aux deux périodes ci-dessus marquées.

Le troisième extrait concerne la dernière partie du règne de Jean IV (1382 à 1399); dans le manuscrit de l'Arsenal il est précédé de cette note : « Tout cecy [est] extraict de Jan de « St-Paul, qui commence icy à continuer Guil- « laume de St-André. » La chronique de ce dernier finit en effet à 1381; après cette date, Jean de Saint-Paul a dû écrire sur des renseignements qui lui venaient de son père et sur ceux qui lui étaient personnels. C'est surtout à partir de ce moment que sa Chronique a un caractère original.

Le quatrième extrait concerne le duc « Jean le Sage, » c'est-à-dire Jean V, — le cinquième et le sixième, le duc « François le Bien-aimé, » c'est-à-dire François Ier, — le septième le duc « Pierre le Simple, » c'est-à-dire Pierre II, — le huitième et dernier le duc « Artur le Justi- cier, » c'est-à-dire Arthur III, comte de Riche- mont et connétable de France.

Ces divers chapitres contiennent de curieuses indications, qu'on ne trouve point ailleurs, principalement sur le caractère, les mœurs, les habitudes des cinq ducs sus-mentionnés.

Mais les six derniers morceaux dont nous venons de parler, depuis la date de 1381, nous ont-ils été transmis intégralement, sans coupures, par le copiste du XVIᵉ siècle ? C'est fort douteux. Celui qui concerne le duc Pierre II a pour titre : Des choses advenues du temps du duc Pierre le Simple, les mœurs duquel sont descrittes à la fin de sa vie. *On trouve bien à la fin du morceau des renseignements sur les mœurs de ce prince ; sauf cela, il ne contient rien qu'une description animée, intéressante, de la bataille de Castillon, dans le Bordelais, gagnée sur les Anglais par les Bretons en 1453. Si l'auteur n'avait écrit que cela, il n'eût certes pas appelé ce morceau «* la vie du duc Pierre le Simple *» qui n'était même pas à cette bataille ; mais le copiste du XVIᵉ siècle ne nous donne rien de plus.*

VI

Sans insister sur la valeur littéraire de notre auteur, disons que malgré un goût prononcé pour l'inversion qui sent le latiniste, son style est naturel, aisé, parfois énergique et pittoresque, toujours clair, — là du moins où le très *négligent copiste du XVIe siècle ne l'embrouille pas par ses fautes de transcription. Son récit des derniers jours du duc François Ier, dont il avait été témoin oculaire, est un grand tableau d'histoire, simple, touchant, émouvant (ci-dessous p. 60 à 63), que Le Baud, à quelque temps de là, transporta presque sans retouches dans sa Chronique. S'il sait peindre, il sait conter. Pour preuve, je citerai ici la page où il relate le plus curieux épisode de cette merveilleuse chevauchée, exécutée en 1373 par notre duc Jean IV de Calais à Bordeaux, à travers la France tout ennemie, avec 60 hommes seulement, après sa querelle avec le duc de Lancastre :*

Luy cinqiesme alla courir devant la ville (de Sarlat), et quand il fut sur une montaigne, il va voir en la vallée bien trois cens François [1]. Adonc desploia son pennon et fit sonner une cornemuse qui avec luy estoict, car il n'avoit point de trompette. Son page estoict demouré [2] ò son bassinet [3], et prit le bassinet de celuy qui son pennon portoit. Il avoit un fou, qui Briend avoit nom, qu'il envoya prestement haster et faire venir ses gens qui un peu loin demourés estoient; et leur di

[1] C'est-à-dire qu'il découvre dans la vallée 300 ennemis lui barrant le passage; car il tenait alors le parti des Anglais.
[2] Resté en arrière.
[3] Sorte de casque.

qu'il falloit combattre et que le comte Jean avoit déjà mis son pennon au vent et pié à terre et que les François estoient en la vallée et leur enseigne desploiée. Et combien qu'ilz feussent moult lassés, ils se avancèrent à leur pouvoir. Quant le duc les vit arrivés, il leur dit : « Jacob la Vieille[1] est au devant de nous, qui a trois cens combattans ; luy et ses gens sont bien montés, nous ne pourrions luy fuir; et pour ce nous vaut-il mieux combattre que d'estre pris meschantement et menez à Paris, où on nous fera pendre et décoller. »

Cependant les François le vinrent viser[2], et conneurent à l'enseigne que c'estoit le duc de Bretaigne. Les gens du duc firent deux cris sus ceux qui viser les venoient. L'un fut : Malo au riche duc ! Les autres crioient : Sainct Georges ! Adonc les François s'en retournèrent et doubtèrent[3] que le duc eust plus largement de gens et qu'il les voulist tromper. Adonc le duc se devalla la montaigne à pié et touz ses gens en bataille, et laissa ses chevaux en la montaigne pour faire plus grande montre. Quand Jacob le vit descendre et que tout droict à luy alloit, il doubta le comte Jean, son sens et sa subtilité, et monta à cheval, luy et ses gens, — et s'en retira !

[1] Capitaine français, chef des 300 hommes qui barraient le chemin aux 60 du duc Jean IV.

[2] L'envoyèrent reconnaître par leurs éclaireurs.

[3] Craignirent.

A cette narration vivement menée, prestement tournée, comparez les cent vingt vers dans lesquels Guillaume de Saint-André délaie le même fait [1] *: vous saurez toute la distance qui sépare un radoteur d'un conteur.*

VII

Sur l'époque où fut écrite l'œuvre de Jean de Saint-Paul, nous avons une double indication.

Dans le manuscrit de l'Arsenal, le titre complet du second morceau (par ordre de date) tiré de la Chronique de la maison de Montfort, *est ainsi conçu :*

« Extroict des guerres de Charles de Blois et
« *du conte de Montfort,* faict de plusieurs his-
« toires par Jan seigneur de Sainct-Paul, en l'an
« M.IIIIe.LXXIIII. » *(Ci-dessous p. 10.)*

D'autre part, dans l'extrait de la Chronique abrégée des ducs de Bretagne, *l'article d'Alain Barbetorte est précédé de cette mention (ci-dessous p. 86) :*

« Après, [régna] Allain Barbetorte, dont en-
« suit la chronicque, selon un tableau qui est en

---

[1] Dans D. Morice, *Preuves*, II, col. 335, 336. Cette histoire commence au bas de la col. 334 ; édition Charrière, p. 494-498, vers 2139 à 2261.

« *l'église de Nostre-Dame de Nantes, en rime,*
« reduict en prose et descript par Jan, seigneur
« de Sainct-Paul, en l'an M.CCCC.LXX. »

D'après ces deux notes, la Chronique abrégée
eût été écrite en 1470, la Chronique de la maison
de Montfort *en 1474 : ce qui semble contredire
l'opinion émise par nous sur l'ordre dans lequel
les deux parties de l'œuvre ont dû être compo-
sées. Cette contradiction n'est qu'apparente.
Saint-Paul rédigea d'abord la* Chronique des
Montfort, *et ensuite la* Chronique abrégée. *Puis,
quand il fit un tout de ces deux parties, quand il
fit transcrire ce tout en belle écriture, sur beau
vélin, en un seul volume, il ne put manquer de
réviser l'œuvre entière et surtout la* Chronique
des Montfort : *à cette révision définitive se rapporte la date de 1474.*

*Ce qui est certain, c'est que tout l'ouvrage
était achevé avant 1475, antérieur par conséquent
à* l'Histoire de Bretagne *de Pierre Le Baud,
même dans sa première forme et telle qu'il la
présenta en 1480 à Jean de Châteaugiron, seigneur de Derval, antériorité facile à prouver
par la comparaison des deux livres, laquelle en
ce moment-ci nous prendrait trop de temps. Nous
ne citerons qu'un trait, mais décisif : dans son
récit du combat des Trente, Jean de Saint-Paul
donne une liste des combattants utile à consulter,*

contenant des variantes particulières, de singu-
lières lacunes, surtout une erreur inexplicable
qui relègue, certainement à tort, dans le bataillon
de Bembro l'un des chevaliers bretons appelé
Jean Rousselot. Cette erreur, ces lacunes, ces variantes sont aussi dans Le Baud, qui donne les
mêmes noms que Saint-Paul et dans le même
ordre [1]. Quant à celui-ci, il suffit de lire son
chapitre de la Bataille des Trente à côté du
poème contemporain pour voir que c'est de là,
non d'ailleurs, qu'il l'a tiré.

VIII

Reste à dire quelques mots de notre édition.

Notre règle, on le sait, c'est de reproduire fidèlement, scrupuleusement, les textes que nous
imprimons. Ici, la difficulté est d'établir le texte:
difficulté venant de la négligence, de l'étourderie
du copiste du XVIᵉ siècle, qui estropie à chaque
instant son original, et semble même souvent ne
pas le comprendre. Aussi force nous a été, pour
redresser le sens, d'introduire çà et là des corrections; mais nous avons toujours soin de donner
en note, telle qu'elle est dans le manuscrit de l'Ar -

[1] Cf. p. 4 et 5, ci-dessous, et Bibl. Nat., Ms. fr. 8266, f. 238 vᵉ e
239 rᵉ.

senal, *la forme ou la version rejetée par nous comme fautive* [1].

En certains passages, nous avons pu corriger ces fautes avec les variantes données par une copie de la Chronique de Jean de Saint-Paul, écrite au XVIIe siècle, qui occupe les p. 261 à 315 du volume XLVI de la collection des Blancs-Manteaux, aujourd'hui n° 22,330 des Manuscrits français de la Bibliothèque Nationale. Cette copie ne contient absolument rien de la Chronique abrégée des rois et ducs de Bretagne ; *elle comprend, et à peu près dans le même ordre, tous les extraits de la* Chronique des ducs de la maison de Montfort *qui sont dans le Ms. de l'Arsenal, mais rien de plus. Les titres placés en tête des morceaux dans le Ms. de l'Arsenal ne sont pas tous reproduits ; bien plus, le nom de l'auteur de la Chronique, répété trois ou quatre fois dans le Ms. de l'Arsenal, ne se trouve nulle part dans celui-ci. Sur le recto du feuillet qui précède la première page de cette copie, une main du XVIIe siècle, autre*

---

[1] Nous avons suivi autant que possible l'orthographe du ms. de l'Arsenal. Là où elle est par trop mauvaise, par trop hétéroclite, c'est-à-dire trop éloignée de la base étymologique, il a bien fallu la rectifier. Quant aux *i* et *j*, aux *u* et *v*, voici la règle de ce ms., que nous avons observée : au commencement des mots, il emploie constamment le *j*, et dans l'intérieur l'*i*, aussi bien pour *j* que pour *i* ; au commencement des mots il exprime *u* et *v* par *v*, et dans l'intérieur par *u*.

que celle du copiste, a inscrit ce titre inexact : Abrégé de la vie de Jean 5, François Ier, Pierre et Artur, ducs de Bretagne [1]. *Il y a donc lieu de croire que la copie des Blancs-Manteaux n'a pas été faite sur celle de l'Arsenal, mais sur un manuscrit plus ancien, contenant déjà ces extraits de la Chronique de Saint-Paul.*

C'est sur ces deux manuscrits — celui de l'Arsenal et celui des Blancs-Manteaux — que nous avons établi notre texte.

N'oublions pas que notre confrère M. J. de la Pilorgerie a bien voulu communiquer à notre Société une copie partielle de Jean de Saint-Paul, par lui exécutée sur le Ms. de l'Arsenal, du f. 85 au f. 107, comprenant le texte contenu dans les chapitres II et III de la présente édition. Cette copie nous a aidé plus d'une fois à rectifier les bévues du scribe du XVIe siècle, tantôt en nous suggérant d'ingénieuses corrections, tantôt en confirmant celles que nous avions dessein de proposer. Nous tenions à en remercier notre excellent confrère.

L'ordre adopté dans notre édition n'est pas tout à fait celui du Ms. de l'Arsenal. Dans ce manuscrit et dans la copie des Blancs-Manteaux, le chapitre de la Bataille des Trente se trouve intercalé entre la mort du duc Jean IV et le mor-

[1] Bl.-M[x], XLVI, p. 259.

ceau intitulé : S'ensuit la chronique du duc Jean le Saige, *c'est-à-dire, entre le chapitre IV et le chapitre V de la présente édition. C'est une intercalation évidente ; il suffit de lire les dernières lignes de notre chapitre IV et les premières du suivant, pour voir que de l'un à l'autre le récit du chroniqueur se suit logiquement sans interruption, sans possibilité de placer entre deux un hors-d'œuvre quelconque. Arrivé à la mort de Jean IV, le copiste est donc revenu en arrière, a refeuilleté la partie de la* Chronique *consacrée à la guerre de succession et alors, se ravisant, a copié là cette* Bataille des Trente, *d'abord négligée par lui.*

Heureuse révision! heureux repentir! Sans cela les deux grandes Histoires *bénédictines de notre province n'auraient peut-être pas eu une ligne sur ce radieux combat.*

Mais il n'en est pas moins vrai que, dans le Ms. de l'Arsenal, ce morceau est absolument hors de sa place, et que la chronologie nous oblige d'en faire le premier chapitre de notre édition.

Les titres des divers morceaux de la Chronique de la maison de Montfort *existent, comme nous les donnons, dans le Ms. de l'Arsenal, sauf ceux des chapitres III et IV de notre édition, que nous avons dû suppléer. Il en est de même pour tous ceux de la* Chronique *abrégée, qui n'en a aucun dans le manuscrit.*

Quant aux Notes *jointes par nous à l'œuvre de Jean de Saint-Paul, nous n'avons rien à en dire. Au lieu de les mettre au bas des pages, où elles eussent été fort encombrantes, nous les avons rejetées à la fin du texte, mais en les partageant selon le chapitre et la page à laquelle elles se rapportent : ce qui rend claire et aisée la correspondance du texte aux notes et réciproquement. — Dans ces notes, nous nous sommes principalement attaché à éclairer le texte en donnant les dates précises des événements relatés par Saint-Paul, dates qui manquent presque toujours chez lui, et en indiquant les documents et actes originaux relatifs à ces événements.*

Tout le texte de la Chronique que nous publions est inédit, sauf le premier chapitre. Sur la première édition de ce premier chapitre, sur les rectifications qu'elle appelle, on peut voir la note 2 de ce chapitre (ci-dessous p. 98), où nous signalerons encore — par exception — les notes 1 et 25 (p. 97 et 102), la première qui rectifie une erreur universellement accréditée sur la date de la bataille des Trente, l'autre qui pose une question intéressante sur la présence prétendue d'un certain nombre de Bretons parmi les Anglais de Bembro.

Saint-Ideuc, 25 août 1881.

CHRONIQVE

DES DVCS DE BRETAGNE

DE LA MAISON

DE

MONTFORT

I

La bataille des Trente, aduenue incontinent après la bataille de la Roche Derien [*]

En celluy temps qu'il fuct l'an mil III cens L, le sammedy auant le dismanche que on dist en saincte Eglise *Lætare*[1], feut la battaille des Trente, qui entreprinse feut par le seigneur de Beaumannoir et messire Robert Bombro[2], Englois, tenant la ville de Ploermel. Et en icelle ville estoict allé à seureté ledit de Beaumannoir, qui la ville de Josselin tenoict, pour deuoir deliurer plusieurs poures gens laboureulx qui estoient prinsonniers. Et remonstroict Beaumannoir à Bombro que le peuple labouroint la terre dont ilz viuoient, et vouloit appoincter

* Ms de l'Arsenal, f. 111 R° à 114 v° ; — Bl.-Mx, XLVI, p. 295 à 3oo.

que la guerre se feist entre les gens de guerre, seullement, ce que refuza Bombro, et s'en courouça tres fort Beaumannoir. Sus ce debat et different plussieurs grosses parolles cheualereuses s'esmeurent[3] en voulant soustenir chascun la vaillance et ancienne renommée de sa nation. Sur quoy dist et offrit icelluy de Beaumannoir à messire Robert Bombro s'il vouloit, et affin que par ce on peust congnoistre le droit et la vaillance d'vng chaincun, que cent à cent ou à tel nombre que voudroict luy donneroit la battaille. Lequel Bombro accorda à Beaumanoir la battaille, de chaincune part[4] xxx, pourveu que n'y eust ne fraude ne baratz.

Ceste entreprinse faicte, s'en retourna Beaumannoir à Joucelin et remonstra l'entreprinse dessus dicte à plussieurs grands seigneurs, barons et autres[5], qui en la place estoinct, et le grand honneur et la grand renommée que par ce faict pouuoient acquérir à leurs personnes et à leurs subcesseurs, « et dont il sera parlé par toutz les réaumes et histoires après noz mortz. Mais pour ce que ceste battaille peult venir à si grand effect, est necessité par meure deliberacion trier et eslire gens les plus conuenables pour ce hault ouure parfaire[6]. »

Quand les seigneurs eurent ouy Beaumannoir, ilz feurent tous très joieulx de son entreprinse, en desirant vng chaincun auoir l'honneur d'estre l'vng d'iceulx et chaier en la chouaisie[7].

Lors Beaumannoir, de leur gré et consentement, fist la choaisye et print premier Tinteniac et Guy de

Rochefort, et Charuel, et Robin Raganel, et Huon de S. Yuon, et Caro de Bodegat, et Oliuier Harel, monsieur Geffroy du Boys [8].

Après, choisit des escuiers, premier Guillaume de Montauban, Alain de Tinteniac, Tritan Pistiuian, Alain Kerenrais et Oliuier son oncle, et Louys Gouion, et les Fontenaiz[9], et Hugot Tritus[10], et Geffroy de la Roche qui feut faict cheualier, et luy deuons bien remembrer Budes [11] son bon pere, qui en Constantinople fuct à la guerre pour honneur conquerre, et Geffroy Poulart, et Maurice et Geslin d'Entre Ougui [12], et Guion du Pontblanc, et Geffroy de Beaucorps, et Maurice du Parc, Jahennot de Serent [13], et Guillaume de la Lande, et Oliuier Monteuile, et Symonet Richart.

Misir Robert Bombro[14] de sa part faict sa choaissie, premier Cronolle, et Caruallay, et Crucaut[15], monsieur Jahen Plesanton, et Ridart, et Hugot son frère, et Janequin Taillart, et Rupefort [16], et Richart de la Lande, Tomelin Bellefort [17] qui combattoit d'ung mail qui pesoit vingt et cincq liures, et Hucheton Clamaban [18], qui combatoit d'ung fauchart crochu qui tailloit d'une et d'aultre part, et Janequin le Gauchoup [19], Hanequin Crouart[20], et Janequin le Mareschal qui fina ce jour sa vie, et Tomelin Huleton [21], et Robinet Melipart, et Ysaray, et Valenton [22], et Jean Rousselot[23], Robin et Ades Adolo, et le nepuo Dardaine [24], et quatre Bretons [25] dont les noms ensuiuent : Perrin de Caymelon, Guillemin le Gaillart, et Roullet du Prouost, et Dardaine. Les-

quielz feurent armez de plates, bacinetz, hauber-
gons, et eurent haches, espées, & plusseurs autres
bastons [20].

Beaumannoir ses compagnons auecq luy ensembla, en leur remonstrant que nulle querelle ne peut
estre conduite, sinon de Dieu ; et luy et eulx ensemblés
feirent dire plussieurs messes, requirent Dieu à
leur aide et se confesserent, et le receurent bien de-
uotement : en les priant [27] qu'ilz eussent vraye fiance
en Dieu et qu'à ce jour ilz se voullissent combattre
et se montrer à l'honneur d'eux, de leur lignage et
à la perpetuelle grande renommée de leur nation.

Puis Bombro, de sa part, ensembla ses trante compagnons et les mena en vng pré où la battaille auoit
esté entreprinse et ordonnée à estre estée [28], qui est my
vaye entre Ploermel et Joscelin, jouxte et prez d'vng
chesne nommé le chesne de My Vaye d'entre les
deux dictes places, et leur dist à toutz auoir faict lire
les liures et profeties Merlin, qui luy declaroint
qu'ilz auroint victoire sus les Bretons.

Beaumannoir vint après ou pré, et eux estoient viz
à viz en battaille. Bombro dist à Beaumannoir :
« Beaux amis, remuons ceste battaille, et soict minse
en aduiz, et vous en allez duers le roy de France,
et sy la battaille luy plaist nous prendrons au jour
que sera mins. »

Lors Beaumannoir remonstra l'ouuerture de Bombro à ses compagnons et leur demanda leurs opinions. Et premier respondit Charuel : « Nous sui-
mes icy asemblez trente, pour ceste battaille et cest

afaire mener à fin[29]. Cil a mal aduanture qui consantira s'en aller sans les combattre ! »

Beaumannoir respondit à Bombro que Charuel et les autres compagnons ne [30] vouloient que soict remuée la bataille.

Lors Bombro dist a Beaumannoir : « C'est grant folie, car quand seront trespassez, en la duché ne les trouerra l'on mye. »

« Sire, dist Beaumannoir, combien que Laual ne Montfort, Loheac ne Rochefort ne Quintin, ne de Bretaigne la grand baronnye ne soict ci presens, si ai-ge noble cheuallerie et de grand vaillence et léauté & encesserance[31]. »

Lors dist Bombro à Beaumannoir: « Puis qu'il fault battaille vous liurer, en icelle ne vous occizé-ge mye, mais je te donray la vye et, ainsi que je l'ay promiz, feray de toy vng present à m'amye. » Et Beaumannoir respond à Bombro : « Je le [te] souranuie[32]. »

Lors joignirent les battailles ensemble, et à la premiere prinse feut Charuel prins, Geffray Mellon fut mort, et Tritan feut blecé d'vng martel, et monsieur Jan Rousselot[33], et eurent les Bretons du pire, et Caro de Bodegatz de coup de mail abbattu. Lors Beaumannoir, qui ces gens voict partye mortz et prins, mist grand diligence en cuidant les recouurer, et en celuy endreit feut dure la bataille, et de toutes pars se trouuerent moult trauaillez, telement qu'ilz appoincterent de eux, de chaincune part, se restroire et sans traïson, pour eulx refraischir et boire.

Cependant Beaumannoir, voiant que deux de ses
compagnons estoinct mortz et trois prins, confortoit le demourant de ses compagnons en sy belle et
honorable parolle que Geffroy de la Roche luy requist cheualerye, qui la luy donna et lui dist :
« Geffroy, remembre toy de la vaillance de ton encien
predecesseur et ce qu'il feist en Constentinoble. »

Lors rassemblerent les batailles, et Bombro sur
Beaumannoir s'escrie : « Ren toy, je te sauueray la
vye[34].» Alain de Kerenraes ouict icelle parolle, vint à
Bombro et le ferit de la poincte de sa lance ou vi-
saige et le rua par tefre, et messire Geffray du Bois
luy couppa la teste et l'occist.

Lorsque les Anglois virent que Bombro leur
chef estoict mort, Cruchart, vng des Allemans,
leur dist que les profeties Merlin, que tant il auoit
amées, ne luy auoinct gueres valeu, et qu'il nestoit
que de se tenir ensemble [35] et de se deffendre à leur
pouoir.

Les Bretons qui prinsonniers estoueint et blessez,
sçauoir est, Charuel le vaillant, Tristan, et Caro de
Bodegat, prindrent lors les armes que peurent recouurer et se misdrent en la battaille qui fut moult
dure. Car dam Cruchart l'Allemand et Thomas Bellefort[36], qui feut grand et fort comme vng géant, qui
combattoit d'ung mail pesant, et Huz de Caruaillay,
monsieur Robin Canolle, [se] entretenoint le jour entier durant. Là moureut vng Anglès et vng Allemand et Dagorne de Reuenes[37]. Dedans le champ
Beaumannoir feut blessé et à boire demanda, monsieur Geffroy du Bois luy dist : « Boy ton sang, ta

soif te passera. » Beaumannoir, quand il s'aduisa de ce dire, sa soif luy passa et se referit en la battaille. Mais les Anglois se tenoint sy et clos serrez que nulz n'y pouuoint en eux faire entrée.

Lors Guillaume de Montauban monta sur son cheval et print sa lance et feist semblant de s'enfouir, et Beaumannoir sur luy s'escria en luy disant: « Faulx et mauuais, qu'auez-vous à vous en aller [18] ? Il sera à voz hairs à tousiours reproché. » Lors Guillaume luy getta vng riz et luy cria : « Beaumannoir, besongne bien de ta part, car je pense bien besongner de la mienne. » Lors Guillaume de Montauban brocha son cheval de esperons et donna à travers la bataille des Anglois, et en rua sept par terre et au retour en rua trois. A ce coup feurent les Anglois desconfitz ; qui poit si en print, choaisit et amena [19].

Lors s'escria Montauban : « Beaumannoir, franc cheuallier, Guillaume de la Marche, Charuel, et toutz mes compaignons, vangés vous de ces Anglois à voz volontez. » Tinteniac le preux estoict le premier, et le doit l'en sur toutz remembrer.

Cy finist la bataille des Trante.

II

Extroict des guerres de Charles de Blois et du conte de Montfort faict de plusieurs histoires par Jan seigneur de sainct Paul, en l'an M.IIII^c LXXIIII*.

PRÈS que Charles de Bloys eust esté prinsonnier en Angleterre, il feut deliuré de prinson et minst en ostage ses doux filz Jan et Guyon [1]. Et lors, à son retour, recommança la guerre contre Jan de Montfort, et assembla grands gens de France et de Bretaigne, et marcha auecq son armée à Mauron, la veille de l'Ascension l'an mil ccc. LII [2], et là trouua les gens du conte de Montfort qui la moitié moins estoint que les François, et y eut bataille au proufilt de Jan de Montfort. Et y mourit, de la part de Blois, le mareschal de Nelle, le filz aisné du viconte de Rohan qui mort estoict en la Roche Derian, le sire de Tinteniac, le sire de la Marche, et plussieurs aultres.

* Ms de l'Arsenal f. 85 R° à 94 v°; — Bl.-M^x, XLVI, p. 261 à 274.

Ainsi fortune feist son debuoir, qui n'eut esguard au nombre des gens en riens, mais fut en aide au bon droict de Jan de Montfort.

Pour ce vous prie que jamais en elle ne vous fiez, car elle fault tousiours au besoing, et tant plus vous esleuera en dignité, plus vous donnez garde de sa malice. Vous voiez comme elle a abattu l'orgueil de Charles de Blois et de France par gens qui estoinct en petit nonmbre, qui à toutes rencontres auoint l'aduantaige suz leurs ennemiz. Et deuons croire que Dieu conduioit ceste guerre, et non aultre, et toutz clercs et gens d'entendement disoint comme Charles de Blois auoit tort.

Quand Jean de Montfort feut parcreu[2], il vint descendre en Bretaigne et desploya son enseigne, et porta la liurée de blanc et de noir qui estoit conuenable à ses armes. Qui vouldroit faire l'esqu des armes de Bretaigne de perles et les semer d'escarboucles, il auroit les armes toutes ; et portoit en son port : *A ma vye.*

Grand guerre estoict en celuy temps entre les roys de France et d'Angleterre : celuy de Bloys estoict François, celuy de Montfort estoict Anglois. Lors vng troicté fut faict entre les doux rois, et furent mips Blois et Montfort hors des appoinctemens, et furent les deux rois d'accord qu'ilz metteroint leur pouoir de chaincune part de les appoincter, et furent mandez à Sainct Omer[3], où ilz feurent de chaincune part, et y fut ouuert plussieurs voies d'appoinctemens, lesquelx Charles refuza, de quoy à la fin

a beau lieu pour bien combattre, ce qu'ilz feirent de chaincune part et ordonnerent leurs batailles, et estoict auecq Jan le sire de Clisson.

Lors les seigneurs, pour obuier aux dangiers de bataille, ouurirent * que chaincun auroict vne partie de la duché et seroict faict le partaige par certaines gens qui à ce feurent esleuz et deputez, et feurent les appoinctemens aduisez et accordez et jurez de Charles et de Jan et des seigneurs et cappitaines. D'abondant feurent baillez hostagers : de la part de Charles à Jan feut baillé le viconte de Rohan, Léon, et Rais, et Malestroict, les sires de Rochefort, Rieux, et Chastillon, et Beaumannoir, et quattre autres de grand et noble estat, dont messire Bertran en fut l'un, quieulx Jan enuoya en Guerrande. Jan de sa part bailla ouict ostages à Charles.

Et jurerent de chaincune part se rendre au chesne de My Voie d'entre Joscelin et Ploermel, et là confermer l'appoinctement et faire passer les lectres du tretté.

Le jour qu'assigné auoict esté, Jan de Montfort enuoya ses gens audit chesne pour fournir à l'appoinctement, affin d'entretenir son serment et de pour d'encourrir l'ire de Dieu. Et y feurent sesdictz gens bien longuement, et demanderent instrument de la diligence que faicte auoient en offrant fournir à l'appoinctement. Là comparurent des gens de Charles, qui respondirent que non feroinct et que auant qu'il eust [10] nulle partye de la duché, y auroit mainct homme de mort.

A tant l'assemblée se departit, et feurent les guerres bien greues. Mais sur ce et par après print vnes treues, et allèrent toutz pour appoincter dauant le prince de Gales[11], conte de Poictiers.

Dauant lequel prince de Gales compareurent au jour assigné[12], de chaincune part. Jan offrit tenir et signer les appoinctemens parlés en la lande d'Euran[6], et par le refuz de Charles s'en departirent sans riens faire.

Lors s'en vint Jean en Bretaigne, qui mips auoict Dieu de sa part parce quil s'estoict mips en tout debuoir, et le requerant à son aide assembla son armée et tint les champs, et conquist et minst en son obeissance Succenio et la Roche Perio.

De là s'en vint meptre le siege au chasteau d'Auroy, et auoict auecq luy les seigneurs et cappitaines qui ensuiuent : premier le sire de Clisson, messire Jean Chandos connestable d Angleterre, Latymer et Felleton, Robert Knolles et Cauerlée, et auecques, plussieurs Bretons, Anglois, et Allemans. Et fortifia son siege, et feist dresser ses engins et battre et endommager la place, qui plusieurs villaines parolles disoint, à quoy Jean ae ses gens ne donnoint nulles responces.

De l'autre part, Charles de Blois manda tout le pouair de France, et y vindrent Bourgoignons, Normans et Picards, François, Manceaulx et Engeuins, les Geneuois et Poicteuins, Espagneulx et gens d'Allemaigne. Le roy escript à Montfort qu'il leuast son siege et que s'en allast deuers luy à Paris, et qu'il luy tendroit justice.

Jean le volut octrier, mais que la place d'Auray feust minse ès mains de Clisson et de Beaumannoir, qui estoict de la part de Charles, à ce que plus seurement se peust la place recouurer après la sentance et ordonnance du roy. Pour obeir ès lettres du roy, Jean le consentoict.

Lors feut respondu en grosses parolles et menaces qu'il laisseroit tout ès mains de Charles et que on ne le prisoict riens, et que, ce coup, estoict deffaict. Et proposoint les François[13], au nombre qu'ilz estoient, qu'ilz ne les osast combattre, et après l'auoir defaict s'en aller se venger de ceulx de Guerrande et destruire la ville. Et ramentoint[14] comme Jean les auoict tins à destroict à Becherel, qu'ilz estoint IIII mil et Jean n'auoit que XIIᶜᶜ combattans, et le pensoint aisément defaire.

Après que Jean eut assez ouy parler les François, qui tousiours conduient leur faictz et dictz en grandes parolles et menaces, il s'en print à rire et dist que est tousiours leur condition et qu'ilz sont de grandes parolles et manieres plus qu'ilz ne sont de faict ; et feist sonner ses trompettes et menestrez et ses enseignes marcher, et vint dauant eux prendre place.

Lorsque les batalles feurent viz à viz, enuoia Jean sommer Charles et les sieurs[15] qui auec luy estoinct de tenir les appoinctemens, selon les escripts que leur feist présenter et par les sermens que auoient juré à la lande de Euran.

Charles respondit qu'il voulloict auoir la terre, leur corps et tout leur auoir, combien que l'appoinc-

tement de Euran estoict que la duché se departoit
par moitié et que demouroint bons amiz et parens le
temps aduenir, et n'entendoit Jan aulcunement que
Rennes deust estre mise en la portion de Charles.
Si voulit tousiours Jan fournir ès appoinctemens, et
quand il vit que Charles estoit en tout refuzant, il remonstra par ses messaiges à Charles qu'il estoict di-
menche, qui estoict ferial et le jour Sainct Michel[16] ;
que [de] ce estoint en jugement, et la sentance que à tel
jour seroit donnée seroit de nulle value, et que pour
l'honneur du sainct jour de Dieu il vousit attendre
jusques au lendemain, et que ne cuidast que ce feust
pour couardie et que c'estoict pour garder l'honneur
à Dieu qui deu luy est, et que l'attente de la batalle luy estoict bien ennuieuse, et puixque en son
debuoir il s'estoict mips, il amoit et desiroict sur
toutz riens la batalle plus que autre chose.

La responce Charles et ses gens feut qu'ilz auoint
gaigné et prins place que leur sembloit auantageuse
et qu'ilz ne doubtoint en rien de battre [17] Jan,
et disoint en commune voix : « Allons sus noz
ennemis, car il vallent desconfitz. » Et ne voulirent attendre jusques à lendemain, dont mal
leur print.

Jan, ce voyant, se recommanda à Dieu, qu'il luy
voulist ayder à son bon droict comme le vroy et
droicturier juge ; et appella les sieurs et conseil-
lers que auecques luy estoint et leur remonstra sa
querelle et qu'il auoict este nourry auecques eulx,
et les plus amiables parolles du monde, et les ap-

3

poinctemens que par leur conseil auoit juré et promiz, et le deffaut qui estoict de la part de Charles.
Puix les requist qu'ilz voullissent luy estre bons et
loiaux amiz en la soutenance de sa juste querelle, laquelle ilz congnoissoint aussi bien comme luy, et que
s'ilz véoient qu'il n'eust bon droict ilz le luy voudroint
dire ; et appelloit Dieu à juge et à tesmoing qu'il ne
voudroict pour rien combattre pour nulle faulce
querelle.

Adoncq, les sieurs et capitaines respondirent qu'ilz
congnoissoint estre sa querelle bonne et juste, et
qu'ilz le seruiroint jusques à la mort, et qu'il ne se
doubtast que leur loiauté ne luy faudroit point, et
qu'ilz ne pensoint en retroicte ne en fuite, mais luy
jurerent loiaument ne luy faillir tant que en leur
corps auroint vye.

Quand Jan ouit la douce, amiable et ferme responce de ses sieurs et capitaines, lors les baisa en
soubsriant et pleurant, dont il eut honte, mais nature
le parforçoit ses yeulx rendre de l'eau, en remerciant
Dieu de celle grace qu'il luy donnoict et de la joie et
seureté qu'il auoict de veoir, à ce merueilleux besoing,
ses cappitaines luy declarer la grande et vraye amour
qu'ilz auoint à luy.

Lors feist le signe de la croix, et se gecta juz et
baisa la terre, puix mist ses gens en ordonnance de
combattre et ordonna ses cheualiers[18], sa batalle et son
arriere garde et tout ce qu'estoit à faire ; et neanlt-
moinz que fut à pou de gens[19], si desiroint ilz tretouz
combattre pour l'amour qu'auoint à luy.

Adoncq vint Charles bien armé, à bennieres des-
ploiées en belle ordonnance, messire Bertrain du
Glesquin, le conte d'Auxere, messire Pierre de Villennes dict Bègue, messire Joan de Viennes, messire
Olliuier de Maugni, et plussieurs autres.

Quant le conte de Montfort et les Englois virent
Charles qui le russeau fut passé, et [que] toutz ensemble
venoint serrez, les lances baissées, pour batalle liurer
apertement, partit le conte o toutes ses batalles et
minst les archers dauant qui à tirer commencerent,
mais pou dura le traict, et après les archers feut la
premiere bataille que conduissoit messire Jan Chandos, connestable d'Engleterre, qui contre la batalle
Charles vindrent en grand arroy, lances abaissées.
Qui lors ouït menestrez et trompetes sonner d'une et
autre part, merueilleusement lui plaisoict à escouter.

Le conte feist vestir sa tunicque, couuerte d'armes
de Bretaigne, à vng cheuallier qui son cousin estoict,
pour ce que ès sortz Merlin[20] auoict trouué que entre
deux seigneurs qui Bretaigne contendroient seroit
greue la bataille, [en] laquelle seroint les armes de
Bretaigne desconfites. Le cheuallier qui la tunicque
portoit assembla à la bataille de Charles[21], qui veu
l'auoict couuert des armes de Bretagne et tant s'eslongea[22] qu'il arriua à celuy cheualier, et cuidoict que
ce feust Jan de Monfort, et de faict Charles l'occist.
Et cuidoint luy et les François auoir occiz le conte,
qui pour ce grandement s'enhardirent et entrerent
ès batailles du conte bien fièrement, tant que leur
donnerent fort à besongner.

De la part du conte s'en vint messire Hue de Cau-
relay o quattre cens lances à cheual par derriere les
batalles de Charles, et d'aultre part feurent archers
ès elles[23] qui moult François greuerent, et en ce point
assemblerent les bannières. Là fist tant de cheualerie
le conte d'Auxere, le cheualier Verd son frère, nommé messire Lois de Challon, et messire Olliuier de
Maugny, que en leur bien faire se delitoit la cheualerie de France, et à ce point se voullut partir
le conte de Monfort, qui à desconfiture cuida estre.
Mais Clisson et messire Jean Chandos luy vindrent
enforcer la bataille, et y perdit le conte d'Auxere
vng œil, et feut bleczé et jecté par terre. Grand deul
en eut Charles, qui adoncq se minst au front. des
batalles. Adoncq fist Caureloy descendre ses gens
pour eulx refreschir et les feist desarmer leur cuissez[24],
puix leur bailla haches, et assembla à eux par derriere[25], et par ce moien furent departiz les batalles
de Charles.

Là y eut dure batalle. Adoncq s'auança le cheualier Verd contre la batalle du conte sy durement qu'il
la departit, mais par l'aide Gaultier Huet, Caureloy et Canolle fut tost relassée[26]. Encore contre la
batalle du conte s'assemblèrent messire Bertran, le
Bègue de Villennes, messire Eustache de la Houxaie,
messire Guy de Baieulx et aultres, qui soubz la bannière de Charles se mindrent. De l'aultre part estoict
le conte et ses gens bien ensemble, qui des autres batalles des François auoint deffaictes, qui lors commencerent à se desroier[27] et rassembler ne se pou-

uoient. A ceste foix mort feut messire Thomas de
Kentorbie, Englois, et Charles rué par terre, et tourna sur luy la desconfiture, et y fut blessé en plussieurs lieux et feut laissé comme mort suz le champ.
Lequel Charles auoict en son temps eu l'honneur de
dix sept batalles, et à ceste dixhuictiesme mourit.
Quand Bertran le sceut, grand deul en demena ; mais
riens ne luy valent, et feut soudainement Bertran
serné (*sic*) et toutz ses François de bataille, et vaillamment se defendit, mais par force feut prins et
blecé en plussieurs lieux, et brauement y moureut
grand nombre de barons de France de la partie de
Charles, qui feut mis à desconfiture le jour Sainct
Michel l'an м. IIIᶜᶜ LXIIII.

Après, entre les mortz feut trouué Charles, le sire de
Rochefort, et Guergorlay, et Auaugour, et le Pont, et
plussieurs aultres, et feurent prinsonniers le conte de
Joigny et d'Auserre, Rohan, Montfort et Beaumannoir, Rais, Rieux et Dinan, Tournemine, Montauban,
le viconte de Quoëtmen et Glesquin, et plussieurs
autres.

Ce faict, le duc Jean s'en retourna à son siége, luy
feut rendu le chasteau d'Auroy, et ne perdit gueres
de ses gens en la bataille. Après s'en alla à Vennes et
pardonna à toutz ceulx qui requerir le voulirent.
Adonq se rendit le sire de Malestroict [et] toute sa
terre à en disposer à son bon plaisir, la ville de Redon²⁶, et toutz les nobles du païs.

Lors, à veoir. estoict au champ grand pitié de la
cheualerie qui morte estoict à la bataille. En feut la

duché et tout le païs moult affoibly, et le pouoir diminué.

Quand la femme Charles, qui à Nantes estoict, sceut ces nouuelles, ainsi que autresfois s'en estoict fouy le conte en son enfance[29], feist apporter son filz en tapignage[30] en France, et fut moult esbahie et deconfortée.

Après, le duc Jan delibéra enuoier vi cheualiers deuers le roy, pour luy dire les paroles qui ensuiuent :

« Sire, à vous nous enuoie le conte Jan, qui de la duché de Bretaigne s'attend auoir l'honneur. Bien sçait le conte et recongnoist que [de] vous la duché doibt estre tenue o certaine redeuance. Si est aduenu que, par les guerres qui ont esté entre Charles de Bloys et luy et les grandes batalles, est diminuée la cheualerie et le peuple du païs et le pouair de France pareillement et par la bataille d'Auroy derroine auenue, qui est grand pitié et domage de toutes pars. Sire, sachez que de tout cœur desire votre grace auoir et deuers vous fere ce qu'il est tenu, et pour ce faire est prest de venir vers vous quand il vous plaira, à ce que, le temps aduenir, il tienge son pays en paix et qu'il le reliefue de ses aduersittez, que trop longuement ont duré. »

Quand le roy eut ouy ces parolles, il en fut très content, et les remercia à bonne bouche, et leur dist qu'il parleroit ès seigneurs de son sang et à son conseil, et que de breff enuoyroit deuers le duc en Bretaigne.

Pour auoir conseil sur ce enuoya le roy quérir les
ducz d'Angeou, de Berry et de Bourgoingne, ses
frères, et plussieurs autres princes, prelatz, barons,
par le conseil desquelz enuoya deuers le duc messire
Jan de Craon, archeuesque de Rains, qui nobles
homs estoit et le mieulx emparlé que on sceut,
auecq luy messire Pierre le Maigre, dit Bocicaut,
mareschal de France, qui de grand cheualerye fut
renommé. A eux donna le roy plaine puissance de
receuoir le duc en traité d'accord [31].

Du congié du roy partirent les ambassadeurs et
arriuerent à Nantes deuers la femme Charles trespassé,
et luy exposerent et à son conseil les affaires que le
roy auoict à suporter pour les Anglois, qui grand
guerre à son royaulme faisoint, en luy remonstrant
que du roy pouuoit auoir pou de secours et que
auoict affaire à son pays garder, et finablement tant
parlerent que sur les debatz de la duché cheurent
jeurs parolles, et lors la femme Charles leur donna
plaine puissance de troicter auec le duc Jan son
oncle [32].

Après, s'en alerent les ambassades deuers le duc
qui grand racueil leur feist, et luy remonstrerent les
faictz du roy et puix ceulx de la dame qui duchesse
se nommoit. Et d'aultre part fist le duc ès ambassades remonstrer ses faictz, et sur ces debatz enssem-
blèrent par plussieurs jours auecq le duc, qui moult
les honora et leur fist de grands dons. Tant feut la
question demenée qu'ilz receurent le duc en la grace
du roy, et accorderent sur les debatz de la dame en
ceste maniere.

C'est à sçauoir que, ou nom de la duchesse et par vertu du pouoir par elle donné, delaisserent audit Jan la duché de Bretaigne et du tout y renoncierent, sauf que, sy le duc Jan n'auoit hairs masles de son corps en ses jours procréés en loial mariaige, la duché retourneroict à l'aesné filz de la duchesse Janne ou aultre prouchain hair masle d'elle, sans que jamais la duché escheut en branche femnine ; et le nom de duchesse porteroit [33] toute sa vie, et par ce seroint et demoureroint à ladicte duchesse les contés et les terres de Painteuure et Gouello auecq la viconté de Lymoges et, en outre icelle terre, seroit tenu le duc bailler et liurer à la duchesse xii[m] francs de terre en la duché de Bretaigne, par assiette de cheualiers prodhommes [34], dedans trois mois après que la duché luy seroict baillée, à ses fraiz, coustz et misions [35], et seroinct deliurez des mains des Anglois Jan et Guy de Bretaigne, enfans du duc Charles de Blois et de la duchesse sa femme, lesqueux pour la rençon de Charles leur père estoinct en Angleterre. Et d'iceulx accordz troictez baillerent l'archeuesque et le mareschal bonnes lectres, tant pour le roy comme pour la duchesse, au duc. Quelz accordz et traictez promist tenir, aussi les lectres en bailla le duc de sa part [36].

Ainsi fut Jan pacifique, et receut les homaiges de ses subjectz et les traicta amiablement, et luy feurent ses places rendues, et tint par vng temps le païs en grand pacience [37].

Après, s'en alla deuers le roy à Paris, qui debonnairement le receut à sa grace par le moyen d'aucuns de ses seigneurs de France, et promist au roy, le temps aduenir, estre son bienveillant et bon François, et lors luy presenta l'homaige en redeuance que luy doibt, ainsi que ensuit [38]. Le duc estoict en estant, droict sur ses piez dauant le roy, la teste nue en estant, et luy bailla ses mains et le baisa, et suposé que les emparliers [39] du roy disent que le duc doict homaige lige, les ducs ne le font pas ne ne le congnoissent, car ilz sont en estant sus piez quand ilz le font. N'a ne ne prent le roy nulz droictz souerains en la duché, comme rachaptz, mettre subsides, faire criz, monnoies [40], bailler sauluegarde, ne les choses semblables et pertinentes [41] et de quoy vssent les roys.

Feut deuisé entre le roy et le duc Jan et acordé que le duc ne seroit jamais contre le roy d'Engleterre, car par son aide et moyen auoyt rescouuré la duché, et pouuoit tenir son païs en paix sans se meller de nulle des partz.

III

*La chronique du duc Jean le Victorieux**

Uant le duc s'en fut retourné à son païs, neantmoins les appoinctemens, le roy l'enuoya requerir qu'il luy fût aydant et amy contre le roy d'Angleterre, qui grant guerre menoit au réaulme de France; le duc s'excusa par les raisons estans ès appoinctemens dessusdiz [1].

Et pour ce que auoit esté appoincté entre le roy et le duc à Paris que il deliureroit les prinsonniers que tenoit de la bataille d'Auray, en y fournisant, deluira le conte d'Auxerre, messire Bertran du Glesquin, et tous les autres.

Quand le roy eut enuoyé deuers le duc luy requerir son aide contre les Englois, il congnoissoit bien que les Bretons n'estoient pas contens qu'il se gouuernoit par les Englois[2], et enuoya les ducs de Bour-

* Ms. de l'Arsenal, f. 95 R° à 110 V°. — Bl.-M^x. xlvi, p. 274 à 294.

goigne, de Berry, de Bourbon, et messire Bertran
auecques eulx o grant armée, enuiron iiii^m [hom-
mes], qui logez estoient ès faubourgs de Rennes, et de
là s'en allerent à Guel², combien que le roy attemp-
toit à ses appoinctemens et promesses et que en
rien ne l'auoit deffié, et ne fesoit pas bien de forczer
à ses appoinctemens⁴.

Le duc de sa part fist son armée et marcha vers
Guel', et se logea bien près des François, et estoit
tres malcontant du roy et de ses freres, qui là venuz
estoint, et pensoit les combattre sy de son païs ne
s'en alloint.

Lors les Bretons remonstrerent au duc que les
François estoint venuz sus luy pour la hayne⁵ que tenoit les Anglois auecques luy, et aussi [n']en estoient
les Bretons contens, lui dirent qu'il les conuoiast⁶
et qu'ilz fussent poiez de leurs gaiges et que les
Englois et eulx ne s'entre amoint poinct, et que les
François n'estoient là venuz pour aultre chose, et
que, ce faisant, viuroit en paix auecques les François
et subgitz.

Le duc respondit qu'il ameroict mieulx mourir
que par craincte il enuoyast ceulx qui amys luy
auoint esté à son besoin, combien que sa volunté
estoict ainsi de le faire, mais que à celle heure et par
ce moien il ne le feroict pas, et se delibera les com-
battre⁷, combien que feussent en plus grand nombre
de trop plus que lui, et disoict que « Si le roy dict
que [je] soustienne ses ennemis, sy feit il contre
moy. »

Ainsi le duc plain de ire et les Bretons luy di-drent qu'il le seruiroint jusque à la mort et que le roy auoict grandement mespris, mais qu'il valoit mieulx par bons moiens trouuer maniere de les met-tre hors, obuier à combattre que trop se haster, et que pour tarder vn pou il croisse tousjours *, trouueroit assez temps de combattre, et que valloit mieulx les meptre hors sans coups ferir, et delibe-rerent enuoyer deuers messire Bertran connestable de France, qui Breton estoit, qui tant fist vers ses seigneurs qu'ilz s'en allèrent en France sens plus faire.

Et puis disdrent les Bretons au duc qu'il ostast les Anglois de ses places et qu'il y minst d'aultres cap-pitaines. Les François tousiours incitoint les Bre-tons à se rebeller contre le duc et à appeller de luy et de son ordonnance en Parlement, ce que fut faict par aucuns, que le duc pugnit.

Ce voyant, les Bretons tuerrent les Anglois, et prenoient des biens que on leur donnoit en France et se retiroint d'auecq le duc et alloint seruir le roy.

Quant le duc vit que les Bretons prennoint grands dons et offices du roy, il passa la mer et s'enfuit en Engleterre*, et les Englois qui demourez estoint [en Bretaigne] furent occiz par Glesquin, Rohan, et Clisson et Laual. Montmuran, Derual et Auroy feu-rent assiegez et prins¹⁰ et les Englois qui dedans es-toint, et ne demoura que Brest en la main des An-glois.

Le duc estoict en Engleterre, qui grand deul de-

menoit de estre chassé de sa seigneurye, et lors delibera le roy d'Angleterre enuoyer le duc de Lancastre et le duc Jan mener guerre en France auecques
vne tres grosse armée. Et descendirent à Caloys[11], et
incontinant le duc Jan enuoya vng herault au roy
de France le deffier et luy requerir batalle, et par sa
requeste le duc Jean luy segnifioit les raisons pourquoy et qu'il se reputoit son ennemy[12]. Et s'en allerent o leur puissance, presentant et demendant batalle
de chacune part, et destruirent le païs jusques à Bordeaux, non pas enssemble, car Lenclastre luy deffendit sa compagnée, ainsi que ensuyt. Il cuidoit pour
lors estre amy de Lenclastre.

Le roy ne fut pas conseillé de leur donner batalle.
L'yuer vint et la saison fut tost passée. Le duc de Lenclastre vsa ycy de faulce compagnée au duc de Bretaigne, combien qu'il pensoit estre aussi bien son amy et
allié comme son frère, car parauant auoit espousé sa
sœur [13]. Et luy dist lors Lanclastre qu'il failloit qu'il
paiast la moitié de la soulde des gendarmes. Le duc
Jean respondit que auant partir auoict baillé ès compagnons ce que auoict d'argent et que n'en auoict
point, et qu'il sçauoit bien ; mais s'il luy plesoit luy
en prester, il le luy rendroit et poieroit les gendarmes ; et [qu'il] prensist telle obligation de luy qu'il
luy pleroit, et qu'il le poieroit sens nulle faulte.

Lors Lenclastre luy dist qu'il ne s'arrestoit poinct
à ses parolles et que si ne luy chaloit s'il auoit de-
gasté son auoir : «Mais se voulez estre en ma route[14],
vous n'y serez pas comme maestre, pour ce vous re-

tirez d'auecques moy, car je ne veulx plus que y soiez. »

Quand le duc Jan entendit l'estrange parolle du duc de Lencastre qu'il reputoit luy estre autant amy que son frère, il feut moult esbahi, car il n'auoict poinct d'argent. Toutesfois, il congneut qu'il failloit faire de necessité vertu, tira [15] et minst ses gens à part, et ne se trouuerent que lx. en tout, que Lencastre n'eust les aultres tirrez.

Et aduisa qu'il luy valloit mieulx partir le premier et se mist à l'auenture ò sa petite compagnée à se aller à Bordeaux : ce que feist sagement selon l'entendement de la cronicque, car il estoit tout notoire que le duc de Lencastre estoict passé à Kalais o grande armée, et quand il passoit [16] tenant son chemin, on cuydoyt que ce feussent les courreurs de la grand batalle, et combien que feut ardoié [17] de François comme Bretons et de Geneuois, ce estoict en craincte de la bataille que après venoit. Glesquin aussi le hardoit, mais tousjours tiroit en auant, comme se feussent les courous [18] de la bataille, et arriua auprès de Carlac [19], et ses cheuaux ne gens ne pouuoient plus, tant estoint lassez et affamez.

Luy cinquiesme alla courir dauant la ville, et quand il feut sur vne montaigne, il va veoir en la vallée bien trois cens François. Adoncq deploia son pennon et fist sonner vne cornemuse qui aueq luy estoict, car il n'auoit poinct de trompette. Son page estoit demouré o son basinet, et prist le basinet de celuy qui son penon portoit. Il auoict vng foul qui

Briend auoict nom, qu'il envoya prestement haster et faire venir les gens qui vng peu loing demourez estoient, et leur dist qu'il failloit combattre et que le conte Jan auoict jà mins son penon au vent et pié à terre, et les François estoint en la vallée et leur enseigne desploiée. Et combien qu'ilz feurent moult lassez[20], ilz se auancèrent à leur pouair; quand le duc les veld arriuez, il leur dist : «Jacob la Vieille[21] est dauant nous qui a trois cens combattans, luy et ses gens sont bien montez, nous ne pourrions luy fouir, et pour ce il nous vault mieulx combattre que d'estre prins meschantement et d'estre menez à Paris où on nous fera pendre ou décoller. » Cependant les François le vindrent viser, et congneurent [à] l'enseigne que c'estoict le duc de Bretaigne. Les gens du duc firent deux criz suz ceulz qui viser les venoint. L'ung fut : « Malo au riche duc ! » Les autres crioint : « Sainct Georges ! » Adoncques les François s'en retournèrent et doubtèrent que le duc eust plus largement des gens et qu'il les voulist tromper. Et Jacob congnut le duc et le doubta, pour la vaillance et le sens qu'il congnoissoit en sa personne, et se rectroict incontinent luy et ses gens.

Adoncq le duc se deualla la montaigne à pié et toutz ses gens en bataille, et laissa ses cheuaulx en la montaigne pour faire plus grand monstre. Quand Jacob le veid descendre et que tout droict à luy alloit, il doubta le conte Jan, son sens et sa subtilité, et monta à cheval luy et ses gens, et s'en retira.

Quant le duc eut veu Jacob s'en aller, il mercia

Dieu de la grace qu'il luy faisoict et assambla ses gens et marcha en auant droict à Carlac, pour cuider passer Lymel[22], ce que ne peut, pour ce qu'il y auoict grosse garnison. Toutesfois, jouxte Carlac, en vne vigne il se logea et ses gens, et passa celle nuit. Au matin appoincta ò ceux de Limel qui le laisserent passer la riuiere, et leur bailla pour tout le pais seurté et sauf conduict. Quand il eut passé Lymel et Carlat, il print son chemin à Bergerac, où le duc poinct aimé n'estoict. Entre deux y a vne petite ville nommée Lynde[23], où il demenda des viures, et vouloit bailler vng pou de vesselle d'argent qu'il auoit. Il n'en peut auoir pour priere qu'il feist, et lui didrent que s'il debuoict mourir qu'il n'en auroit poinct. Quant le duc eut ouy la responce, il délibera de donner l'assault, et ses gens en feurent d'assentement et la prindrent. Et il trouuèrent de viures et biens largement, et y seiourna troys jours, et puix s'en alla à Bergerac, où il feut très bien repceu, et luy feist l'en des dons et des présens. Après, s'en alla à Bordeaux[24], où il tinst bel et grand estat, car les nauires de Guerrande y arriuerent o du sel, qui à luy estoint et tenoint son parti, et luy baillerent ce qu'ilz auoint ; et poia et s'acquicta très bien o la ville. Et puix s'en passa en Englcterre[25], et conta au roy tout son aduenture, excepté qu'il ne plainct ne ne dict nul mal de son frère de Lencastre.

Le roy d'Angleterre, d'arriuée, ne fut pas content de quoy il estoict si tost retourné ; mais quand il eut conté comme il auoit cheuauché par France et qu'il ne l'auoint osé combattre, il se contenta et fut très bien aise de le voir en bon poinct, et fut longuement en Angleterre, où très fort luy ennuya.

Adoncq luy feut mandé par les François que s'il vouloit aller en France sans mener auec luy nulz Englois, le roy lui rendroict son païs sans plet et sans guerre auoir. Quand il eut entendu ces belles offres, il monta à la mer sans congé prendre et s'en alla en Flandres deuers le conte [26], qui son cousin germain estoict, où il fut très bien receu.

Quand le roy sceut qu'il estoict en Flandres et la manière de son partement, il ne fit conte et dissimula, et ne luy chaloit plus de luy ; mais fist plus fort garder Bretagne que dauant, et défendit à ses sugitz bretons qu'ilz ne le receussent en Bretaigne, anczois luy portassent domage et luy feussent contraires, et l'appelloict par ses lettres « traestre Jan de Montfort ».

Pour accroire [27] les courages des Bretons, le roy donnoict des biens de Bretaigne et en promectoit plus qu'il n'en tenoict. Et y estoict l'Eglise persequtée et les nobles et le peuple, et n'y auoict nulle justice, mais n'estoict tout que confusion.

Le duc derecheff assembla vne grande armée d'Englois et vint descendre en Léon, à S. Paul, et fist plussieurs du païs tuer et pendre [28]. Le païs se rebella contre luy, et fust contrainct s'en retourner, et fut sept ans en Engleterre. Ce pendant le roy cuida ajoindre la duché à son desmaine, mais les Bretons le contrarierent.

Le xxme jour de juin, l'an mille III^ccc^LXXVIII, le roy

delibera que le duc Jan, qui fuitif estoict en Engleterre [30], fust aiorné à respondre en personne à Paris
au procureur du roy, et fut l'adjournement faict à
Nantes et à Dynan.

Le roy, tenant son lit de justice [30], où estoint ses
Estatz assemblez et non pas entierement les xii pers,
feist appeler dauant les portes du palais Jan de Montfort « nagueres duc à grant tort ». Le duc n'en sçauoict
rien de l'ajournement, et supposé qu'il le sceust, il
n'estoit pas tenu comparoir dauant son ennemy mor-
tel et celuy qui le vouloit destruire et atribuer à luy
sa duché.

Après la proposition faicte en la presence du roy par
le procureur, fut descleré par le president que le duc
deuoict souffrir pugnition corporelle, et que tout ce
que auoict en France estoict saesi en la main du roy
et confisqué à sa couronne et applicquée la duché de
Bretaigne [34].

Là compareurent procureurs deuant le roy et les
seigneurs, qui se opposèrent à toutes fins pour le duc
et les sieurs de Bretaigne, qui absents estoint, en remonstrant les grans et bons seruices que de tous temps
ont faict les Bretons à la courone de France, et que
[Bretaigne] a esté anciennement royaulme, en donnant à entendre que ce n'estoit pas seigneurie subgitte
à confisquation. Mais pour raison que on peut dire,
l'ardeur et conuoistise du roy ne les receput à riens,
que ne meist à exécution sa sentence.

La congnoissance venue aux Bretons de celle sentence, ilz n'en furent pas contens, et estoient gens qui

longuement auoient esté batus de la guerre, par laquelle auoint eu beaucoup à souffrir de pouuretez,
et véoient que justice estoict toute defaillie en leur
païs, et puis que les François, de tous temps, sont
rempliz d'ourgueil et d'auarice demesurée, et que sy
vne fois en auoict le roy la seigneurie, la duché seroit
destruitte et perdue et seroict tousjours en guerre et
diuisions, ainsi que est tousiours le royaulme de
France, et à chaincun deffroy de guerre seroinct contraincts y aller, ou perdre leurs testes ou leurs terres.
Se deliberent eulx armer et fortifier leurs places contre
les gens du roy, en deffendant leurs droictz et preuilleges [22]. Et auoint grand orreur, pensans choir en seruitude plus grant que acoustumé n'auoint et en telle
que sont ceulx de Normandye, de Lenguedoc, Champaigne, et autres.

Pour saisir et prendre la possession de la duché le
roy enuoya de belle et grant cheualerye à Angiers et
manda les nobles de Bretaigne [23], et y alla à Paris (sic)
les sires de Laual, Rohan, Glesquin et Clisson, desquieulx le roy voulloict auoir les homaiges. Et fist
dire le roy que tous ceulx qui attempteroint à la sentance, que les feroict mourrir, et au plus tost que aucun parloit au contraire, s'il peust estre prins, on le
feroit mourir. Lors Glesquin et Clisson auoint de
grands proufiz du roy, qui les auuengloit à delesser
leur loyaulté et le proufilt publicque de leur seigneurie, et promisdrent au roy mettre la duché en sa
main. Et fut contrainct le viconte de Rohan faire le
parail serment, et s'il ne l'eust faict, il luy en fut

mal prins. Le sire de Laual s'excusa et dict que gar-
deroict ses places et que jamais ne seroict contre le
roy ; ains dit qu'il estoict cousin germain au duc et
qu'il ne le vouldroict pas destruire, et qu'il estoit
bien doulant qu'il n'estoit bien en sa grace. Le roy
fut tres contant des sieurs de Bretaigne pour ceste
foix.

Lors prindrent congié du roy et s'en vindrent en
Bretaigne. Mais les nobles de la duché qui demourez
estoient, qui voioint l'entencion du roy, penserent
resister à sa malice et delibererent ensemble aymer
mieulx mourir en guerre que eulx et leurs hoirs se'
mettre en seruitude, et aussi que leur duc n'estoict
pas mort, ains estoict à grand tort chassé de la duché,
et envoyerent messire Eustache de la Houxaie le
quérir en Engleterre, lequel l'amena à Dinan [34] et se
trouuerent toutz les nobles du païs au dauant de luy,
qui le receprent le plus honorablement qu'ilz
peurent, c'est à sçauoir les sires de Montafillant, de
Beaumannoir, la Hunaudaie et Montauban, Coëtmen [35], Guyté qui cappitaine de Dinan estoict, Fontenay qui de Rennes estoit cappitaine, Malor qui tenoit Guerrande, et Vaucler Lemballe, et Geffroy de
Karrimel, et plussieurs autres.

Après, le duc s'en alla à Rennes ; les processions
et nobles et peuple allerent au dauant de luy et le
receprent à la plus grant jouaie que jamais fut
prince, et disoint (ce que auint de vroy) que par la
venue du duc estoint hors des dangiers et subiection
des François.

Lors Bertran de Glesquin, connestable de France, tenant le party du roy desloiaument contre son seigneur naturel et souuerain, auoict grand armée et se peinoit de tout son pouoir de mettre la duché ès mains du roy, ainsi qu'il auoit promis. Ses parentz proches et alliés [36] et ses aultres Bretons le lessoint de jour en autre, et venoint acquiter leur louiaultez et bonnes natures deuers leur prince, pour le servir et disposer leur vies à batailler contre le roy et toutz ceux qui empeschement ne ennuy en sa duché luy voudroinct faire, en delaissant toutz les biens qu'ilz auoint en France.

Clisson tenoit, pour son avarice, l'opinion de Glesquin, et combien que feussent Bretons (leurs parens et seruiteurs estoint du party du duc), se rendirent [37] à Pontorson deuers le duc d'Engeou qui marié estoict à la fille de Charles de Bloys [38], et venue y estoict auecq luy vne grosse armée, et menassoint fort le duc et la duché de Bretaigne et de prendre Rennes, Dinan et Guerrande pour les arraser, pour ce qu'ilz s'estoint mips en la subgection et obéissance du duc, et de conquérir la duché et qu'elle n'auroit plus nom Bretaigne, mais auroit eu nom Confisquée [39].

Toutesfois à Pontorson furent prinses vnes treues [40] entre les deux ducs, sur voie de troité et d'acord, ce que le païs de Bretaigne desiroit sur toute rien, car ilz estoinct fort ennuiez de porter et de soustenir la guerre. Le duc d'Aniou disoit estre fort courroucé du débat, et qu'il amoit bien les Bretons et le païs de

Bretaigne, mais que pour certain le roi l'auroit en sa
main comme souuerain pour en faire à son plaisir,
et qu'il auoit grant pitié des Bretons en regardant le
mal qu'il pensoit leur deuoir aduenir.

Pendant le temps desdictes treues, le roy faisoit son
alliance et armée pour cuider surprendre le duc, et le
nommoint « de Montfort » en France et ne vouloint
l'appeller duc. Voyant le duc qu'ilz vouloient tromper
et que par appoinctement ne aultrement ne pouuoit
vers eux conduire son faict en nulle surté, le viconte
de la Belliere s'auança et print le chasteau de Pouencé et après la Roche Diré, et commença lors la
guerre. Et quant les Bretons qui en France estoient
le sceurent, ilz s'en venoint à leur prince acquiter
louiauté ; et quand les François les trouuoient en
chemin, ilz les destroussoint et abbattoint et leur fai-
soinct moult de maux.

Le duc, voiant que nullement ne pouuoit pacifier
son faict enuers le roy et le duc d'Engeou, o l'auise-
ment des sieurs de Bretagne et conseil de ses subgitz,
delibéra enuoier en Engleterre quérir les Anglois [44],
car les Françoys le menaçoient merueilleusement et
disoint tout le mal de luy et de ses subgetz qu'ilz
pouuoint ; mais le duc n'en faisoict conte, et disoit
qu'ils estoient de grands parolles et menaces et de petit faict.

Cependant arriuerent deuant Guerrande vng grant
nombre de gallées d'Espagne [44] que le roy y auoit
faict venir pour cuider gagner la duché, et Clisson
de l'aultre part, qui Nantes tenoit, pensoit aller as-

sieger Guerrande et la prendre en vng moys et la destruire, et faisoit dresser et abiller ses engins pour ce
faire et pour se venger des Guerrandois qui destruioint toute sa terre de Blain et de Nantois, car ilz
s'entre haioient mortellement. Toutesfoys Clisson
ne se trouva pas assez puissant pour y mettre le
siege.

Le roy enuoia de grands finances ès Espegneulx
jusques à leur gallées, à ce qu'ilz descendissent pour
conquérir ou destruire Bretagne. Les Guerrandois
se fortifioient et abilloint pour eux défendre ; le duc,
qui à Vennes estoit, les confortoit souuent et leur [43]
feist sçauoir que dedans trois jours il leur donneroit
secours, sy assiegez estoinct.

Lors les Garrandois se assurerent et enfiérirent [44]
merueilleusement. Les Espaigneulx n'oserent descendre dauant Guerrande et s'en allerent à Sainct Lessaire [45], et là estoict le cappitaine Jan d'Vst, qui leur
offrit faire armes en toutes manières que faire les
voudroint. Le fort auoit bien batallé et fortifié et vi-
taillé et bien artillé, et auoit mins sur le chastel la
bannière des armes de Bretaigne.

Lors l'amirant d'Espaigne enuoia deuers Jan d'Vst
vng escuier et mandoit à Jan d'Vst que retensist celuy
escuier en ostage et qu'il luy enuoyast vng aultre
jusques à ses gallées parler à luy, ce que fist Jean
d'Vst, et y enuoya Jan de Henleix. Et quant il feust
retourné, Jan d'Vst luy renuoya l'escuier d'Espaigne,
qui dist à l'amirant que ce n'estoict pas chose preste
que prendre celle place sur Jan d'Vst. Tantost fist re-

tirer l'amirant ses gallées au large de la mer pour le treict des canons, et en enuoia deux des plus parantes[46] à Nantes, pour monstrer qu'ilz estoinct venuz xix. gallées chargez de meschans gens, que les Bretons ne craignent rien. Trois cens en y eut qui prindrent terre, les Guerrandois leur coururent et les minsrent en fuitte, et n'estoict à ce faire que seze Guerrandois. Guillou du Chasteau descendit de cheual tout armé dauant eux et leur courut suz, et les rebouta et chassa jusques à la mer en les tuant et jusques en leurs gallées, qui lors de là s'en partirent et allerent descendre en l'isle de Reuis [47] jusques au nombre de cinquante et cincq. Messire Jan de Malestroict, qui cappitaine estoit de Sussinio, auecques enuiron dix lances courit sus eulx et trante en occist, et vingt-cinq en y eut prins.

Cependant on traictoit tousiours de paix, et Glesquin estoit moult couroucé de la diuision qui estoict entre les François et sa nation. Toulouze et le païs se rebellerent contre le roy, et enuoya son connestable pour leur mener guerre et les reduire à son obéissance, lequel à son partir dist au roy que son aigle [48] ne pouoict plus voller et que les plumes et ailles luy estoient faillies, et que les Bretons luy failloinct qui bons en batalle estoinct. Et luy supplia bien humblement qu'il luy pleust auoir paix aux Bretons et que lors il recouuerroit ses aisles, et que par ce moien voleroit encores son aigle. Il alla son voiage et y seruit bien le roy. Aprez bien tost il trepassa, Dieu en ait l'asme !

Lors descendirent x.ᵐ Englois à Calois pour venir donner secours au duc Jan ⁴⁹ et passèrent à trauers le roiaulme de France, quérant batalle se aulcun les vouloit combatre, et vindrent en Bretaigne où le duc les receut amiablement, et en furent ses ennemis en grant craincte.

Lors le roy de France trespassa, et o le roy Charles VIᵐᵉ son filz appoincta tant, que toute sa duché luy demoura et le conté de Montfort. Et fut appoincté qu'il yroit faire l'omage en la manière dessusdicte et non aultrement, et en furent les lectres en forme faictes et les sermens du roy prins auant qu'il consentist aller à Paris, et luy seroint rendues toutes ses places et baillé ostages qu'il yroit en seurté de sa personne le sire de Coucy ⁵⁰, missire Charles d'Artois et l'Amirant, [et] vng aultre grand seigneur. Et encores, à ce qu'il allast plus seurement deuers le roy, monseigneur de Bourbon, Clisson connestable, le mareschal de Sanxerre, le vendroinct quérir et jureroinct et promettroint le mener deuers le roy et sauuement le ramener, et en oultre pour sa surté auroit les scellés des seigneurs de France.

L'appoinctement parlé ⁵¹ ainsi que dit est, le roy enuoia deuers le duc, en la ville de Guerrande, et deuers les seigneurs de Bretaigne, pour receuoir le serment du duc et des barons, assemblément, que l'appoinctement parlé seroit par le duc et ses sugitz et barons ainsi accomply et tenu. L'euesque de Chartres, et Corbie, Cheureuse, Thabari ⁵² et le Mercier furent commissaires et embassades. Le duc les receut le

6

plus honorablement, acompagné des seigneurs et nobles de son païs. Là estoient l'euesque de Rennes et celuy de Vennes, les seigneurs de Laual, Rohan et Rochefort, La Roche, Lohéac et Montfort et monseigneur Charles de Dynan, Beaumannoir et Montauban, Asserac, Chasteaugiron, Fontenay et la Bellière, et grand nombre de cheuallerie à si grand presse qu'on ne pouuoict aller par les rues. Puiz estoint les gens du Conseil, premier l'abbé de Prieres, l'astiacre[53] du Desert, maistre Pierres Martin, Pierres Hattes, l'Euesque et l'Aloué.

En l'église Nostre Damme, presantz les embassades et seigneurs de Bretaigne, le duc jura d'entretenir la paix et l'accord ainsi que estoit parlé, mais que le roy de sa part le tienne[54], et feut ce faict le IIII. jour d'Apuril l'an M.III^{cce}IIII^{xx}.

Après, les embassades receurent les sermentz des barons, des cheualiers, des gens d'armes, des escuiers, et le mercredi ensuivant on fist crier la paix entre France et Bretagne.

Après, on deuoit rendre les places au duc, mais on tarda sans sçauoir pourquoy jusques après l'Ascension. De quoy le duc et ses subiectz estoinct moult couroucez, mais le duc n'en faisoict semblant, et sçauoit bien qu'on en parloit et qu'il y en auoict qui bien marriz estoinct de lui obéir; mais il acquist leurs cœurs[55] par amiablement les troicter, et fist tant par subtilz moiens que Montrelois[56], Auroy, Ploermel et Redon se rendirent à luy. A Nantes ses gens enuoia, mais on déloia jusques à la Sainct Jan[57] et luy feut rendue, et feut receu deux jours auant la feste le plus honorablement et à la plus grant joie que jamais feut prince. Aussi feurent Pillemy[59] et Toufou renduz en son obéissance.

Quand il se veid possesseur de toute sa duché, il manda et assembla à Nantes toutz ses Estatz, prelatz, contes, barons, abbez, bacheliers, chevaliers et escuiers, pour auoir aduiz et conseil de la maniere comme il pourroit eschiuer [59] à guerre et tenir son païs en paix.

Après ce faict, le duc s'en partit pour aller deuers le roy, et toutz les seigneurs qui auecques le duc d'Engeou [60] à Angiers estoint, tant d'eglise que seculliers, allerent le rencontrer deux lieues loing de la ville et le conduirent jusques au chasteau, où il entra tout à cheual. Le duc d'Engeou le vint rencontrer et s'entre acollèrent et baisèrent, et y eut de grands prieres [61] entre les deux ducz, puix marcherent main à main. Les Engeuins, qui tousjours haient les Bretons, conseilloint deux à deux [62] toutz esbahiz, qui ne cuidoint jamais veoir celle alliance, à la grand haingne qui entre eulx deux auoict esté. Et estoint alliez ensemble ainsi que feussent freres, et disoint, tant qu'alliance dureroit, que nul ne leur pourroit nuire.

Pour ce je ne tiens pas à saiges ceulx qui parlent tels langages et disent tant de villaines et sottes parolles des princes, cuidant que leurs questions soint perpetuelles et se mettant en parolles de leurs œuures et de leurs faictz, et ne sçauent à quel propos, car on ne les appelle pas au conseil pour ce qu'ilz n'y en.

tendent rien en faict de guerre, voulentiers grans
parleurs et grand voleurs [63], et de trop grant maniere
ne vallent rien, ne en appoinctement. Auecq, ilz sui-
uent le bruit de communes parolles, qui jamais ne
feurent vraies ne bonnes, car communément les gens
sont plus induiz à dire et vouloir mal que bien.
Pour ce, qui saige voudra estre s'en taise [64].

Après que le duc Jan eust esté receu et festoyé
grandement par le duc d'Engeou, il s'en partit d'Angers pour s'en aller à Chartres, tenant son chemin à
Paris. Le duc d'Engeou s'en alla le premier, et là
s'entre trouuerent, et le conduict le duc d'Engeou
jusques à Paris. A trois lieues de Paris, par le voulloir du roy, vindrent les gens d'estat de la ville
encontre le duc, en luy monstrant que tout maltalent
estoit remiz et que grand honneur luy estoict deu,
comme [à] vng prince remply de grands vertuz,
aprouué [65] de merueilleuses et haultes aduersitez, les-
quelles par son sens et vaillance auoict mené à fin,
tellement qu'il estoict loué et aymé de ses amys et
crainct et doubté de ses ennemiz.

De Paris le duc d'Engeou le conduist jusques à
Compiegnes deuers le roy, qui le receut en luy disant: « Beau cousin, bien soiez venu, car tout honneur vous est deu ». Le duc luy dist lors : « Mon
seigneur [66], sy aulcunement vous ay courousé, il
m'en desplaist de tout mon cœur et vous prye me le
pardonner ». Ce que le roy fist de bonne chère. Lors
le duc luy offrit faire son hommaige ou redeuance,
ce que le roy luy accorda.

Le duc du roy adoncq s'aprocha, et luy en estant

sur ses piedz [67] et le chapperon hors la teste, luy
bailla ses mains et le baisa. Ce faict, il demanda instrument qu'il auoict faict au roy ce qu'il luy deuoit
et ainsi qu'à son père l'auoit autresfois faict, et qu'il
ne debuoit, à cause de la duché, ne foy ne serment. Et
encore est une chose usurpée des roys de France suz
les princes de Bretaigne, car à la verité il y a royaulme
aussi tost ou plus qu'en France, et de vroy y ha eu
. ix. rois chrestiens avant qu'en y eust en France ;
mais ceste chose aduint par une diuision que sourdit
entre vng prince de Bretagne et ses subgitz, qui,
pour mettre en subiection ses subgitz qui desobeis-
santz luy estoinct, s'en alla en France et se allia du
roy [à] celle condition qu'il feroict celle redeuance et
obéissance au temps auenir au roy de France, et par
l'aide du roy mist en subgection ses subgitz. Et
quand le roy voudroit demander plus ample obéissance de la duché, par raison il deuroit perdre le
droict qu'il y a.

Après l'hommaige faict, un emparlier [68] commença
à dire que le duc estoict homme lige ; le duc protesta
et dist que comme duc ne l'estoit point, mais comme
conte de Montfort et des seigneuries que tenoit en
Bourgongne et en Champaigne et de Laigle et de
Neuers, offrit et fist ledict [69] hommaige lige, et le
receut le roy.

Sur ces parolles, le roy feist apparoir au duc vne
lectre du duc Artur de Bretaigne [70], de Normandye et
d'Acquitaine, comte du Maine et d'Angeou, de Touraine et de Poictou, comme au roy Philippe en auoict

faict hommage lige sans riens excepter, et fut lors le
duc bien fort sommé. A quoy le duc respondit et dist
au roy : « Faictes moy jouir des seigneuries conte-
nues en ceste lectre, et je vous en feray ainsi qu'il
fist, supposé que ce [ne] soict en grand preiudice à
ma principauté, car aultrement [ne] le feray, car ma
duché ne le doibt pas ».

Le roy adoncq se tint assez content et feist cesser
les parolles et fist au duc bonne chère, en considerant
qu'il estoit son parent, et qu'il estoit plus crainct[71] et
plus puissant et plus doubté de son alliance, et qu'il
en auoict plus d'amis et mains d'ennemiz.

Bientost après, le duc demanda son congé au roy
de s'en retourner en son païs, qui luy fist de grands
et honnorables dons et luy donna congé en bien
amiable manière. Et sur ce poinct, le duc luy dist
qu'il ne doubtast point qu'il ne luy feust vray et
loial parent et seruiteur et qu'il luy tendroit les promesses qu'il luy auoict faictes, et le mercia bien
humblement des biens qu'il luy auoit departiz et
donnez. Après, print congé des seigneurs, et s'en
vint bien content du roy en s'en louant très fort.

IV

Suite du règne de Jean le Victorieux*. Du père du duc Jan l'Esné *

E N s'en retournant passa par Tours, où il trouva la duchesse d'Engeou, sa cousine, qui minst grand peine à l'honnorer et le alla rencontrer, et s'entrebaisèrent plussieurs fois. Icelle duchesse estoict fille Charles de Blois, qui occis auoit esté à la bataille d'Auroy. Et feut le duc logé au chasteau et grandement honoré de la duchesse et de tous autres, et parloinct ensemble de toutes gracieuses et bonnes parolles. Après, print congé de la duchesse de bien amiable chère, et monta en ses bateaux suz la riuiere et s'en alla à Nantes, où il feut recueilly ainsy qu'il deuoict, et tous subiectz feurent moult joieulx de veoir que de toutes ses entreprinses estoict venu à cheff.

Bientost après que le duc eut faict ce qu'est dauant escript, le roy Charles eut guerre auecq les Flammens pour leur desobéissance, et y alla la première foix [2] et cuidoit les auoir reduictz; mais incontinent luy retourné à Paris, enuoièrent les Flammens quérir huict mille Englois à leur aide et secours, et dere-

* Ms de l'Arsenal, f. 108 R° à 110 V°; — Bl.-Mx., XLVI, p. 292.

chef se rebellerent. Le roy asambla son armée pour
aller les reduire en son obéissance et manda ses amys
et alliez, entre lesquels manda le duc Jan de
Bretaigne, qui y alla et mena vne très grosse armée.
Et luy bailla le roy l'auant-garde et à Clisson, qui
connestable estoict, en sa compaignée, qui d'armes def-
fit les Flammans, et se retirerent auecques les Anglois dedans les places et forteresses ; qui lors les alla
l'vne après l'autre assieger, et le roy de sa battaille
venoit tousiours joindre auecques luy ; et quand il
estoict dauant les places, luy et les Anglois bien
s'entre congnoissoint et parloinct vng langaige, et à
la veritté le duc composa et appoincta auecques eulx
et les en enuoya en Engleterre, et les traictoit comme
ses bons amis. En ce faisant seruoyt le roy, ainsi
qu'il deuoict, dont par ce moien le roy réduict la
conté de Flandres en son obéissance.

Ce faict, le roy et le duc auecq luy s'en retourna à
Paris, où il feist grand chère et honneur au duc et
en recongnoissance et pour l'amour de ceulx seruices
que le duc luy auoict faictz, et pour faire aliance
perpetuelle entr'eulx deux, le roy entra en la
chambre de la royne et print entre ses bras sa fille madame Janne et la donna, comme le plus grand et cher
don qu'il luy pouuoict donner, pour estre faict mariaige d'elle et de Jan son filz. Le duc la prinst entre
ses bras et mercia le roy bien humblement, ainsi
qu'il deuoict faire.

La roine de sa part donna presentement à madame
Janne, sa fille, sa maison de Barbette estante en la

ville de Paris, guarnie de vtensilles, vaisselle d'or et d'argent, tapisserye, et de tout ce qu'apartient à maison de reine.

Le duc lors s'en partit pour aller loger en la maison de Barbette o le congé du roy et de la reine, et emporta entre ses bras madame Janne, et monta à cheual et eut vng carreaü de drap d'or deuant luy sur quoy il la porta, et la dame qui la gouuernoit cheuauchoit au costé du duc sur vne hacquenée, pour et à ce que la dame, qui jeune et petite estoit, ne pleurast. Et là se logea, et se fist par après le mariaige, et furent apportez les richesses et biens de la maison en Bretaigne ².

Après, aduint que le roy se courrouça au duc, ne sçay pourquoy, mais il feist une grosse armée et rescrit au duc lectres, qu'il vouloit qu'il vuidast la duché de Bretaigne ⁴. Le duc, qui à Nantes estoict, pour l'heure dansoit (car il estoict joieux à merueilles) quand on luy presanta ces lectres. Incontinent il feist sonner et corner ses menestreux plus fort que dauant et se tira à part et escript au roy qu'il luy pleust s'appaiser vers luy et qu'il se conseillast bien, auant coucher vng tel royaulme comme le sien à l'encontre d'une sy petite duché comme estoict la sienne, et que il l'iroict rencontrer jusques à son païs s'il s'aduenturoit d'y voulloir venir pour mal faire.

Et lors le duc fist son armée et s'en alla jusques au Lyon d'Angers, et auoict laissé la ville de Nantes à monsieur de la Hunaudaye, la duchesse et ses enfants en garde, et luy dist que si le roy gaignoit sur luy la

battaille et qu'il sceut qu'il feut eschappé, qu'il ten-
seist la ville trois mois, et sy dedans celluy temps ne
luy donnoict secours, qu'il se rendist. Là vindrent
au duc les nouuelles que la malladye estoict au roy
prinse en la ville du Mans⁵. Et selon les anciennes
histoires, jamais ne feut que n'auir ˝eist˝ ès personnes
des roys ou au royaulme très grandes aduersitez,
quant ilz ont vouleu entreprendre et pourchasser mal
à la duché de Bretaigne.

Après, vint nouvelles au duc de la mort du roy
Richard d'Engleterre, de quoy il feut moult doulent
et voua à Dieu qu'il iroit venger sa mort⁷, et feist
escrire et describer⁸ les noms de plus de quatre
mille jeunes nobles hommes de Bretaigne, lesquelx
il pensoict faire cheualiers à la descence en Engleterre. Toutesfois il estoict ancien, et de celluy courroux cheut en malladye, et fina ses jours⁹ à Nantes
et fut ensepulturé ou chanceau de l'église de Sainct
Pierre. Dieu en aict l'ame !

Celluy duc Jan trespassé fut marié par trois fois en
sa vie. Sa première femme fut fille du roy Edouart
d'Engleterre, la seconde du roy d'Espaigne, la tierce
dame Isabeau, fille du roy de Nauarre¹⁰. Les deux
premières n'eurent nulz enfans ; celle de Nauarre en
eut plussieurs, mais je ne fais mention que de trois
dont les noms ensuyuent : le premier Jan, le second
Artur, le troisième Richart.

V

S'ensuit la chronique du duc Jean le Saige*.

•

Jan, l'esné, régna, qui fut le plus glorieux possesseur et sage prince de son temps. Il honora Dieu et saincte Eglise merueilleusement. Il tint bonne justice; il entretint les seigneurs et nobles de son pays en grand douceur et son peuple. Il aima la chasse et le vol des oiseaux et tout ce que vng noble prince doibt aimer. Il disoit les heures canonniales toutz les jours. Il ouyoit la grand messe, speciallement aulx festes et auoict tousjours les aulmonniers, clercz de sa chapelle, auecques luy. Il estoict grand aulmolnier et charitable. Quand on cuidoit qu'il feust en son lict, il alloict de nuict, nuds pieds, par les eglises en ses pelerinaiges. Il auoict telle condiction, quand aulcunesfois il se courrouçoit à vng de ses subiectz, qu'il sçauoit bon gré et amoit ceulx qui l'excusoinct vers luy et qui traictoinct son appoinctement. Et incontinent que celuy venoict deuers luy auec lequel il s'estoict courroucé, et que en pleurant

* Ms de l'Arsenal, f. 115 R° à 118 V°; — Bl.-Mᵗ. XLVI, p. 300 à 304.

luy requeroit pardon, le bon prince l'aymoit et par-
donnoit et luy donnoict du sien largement. Et fut
le plus misericordieux homme du monde.

Il portoit habillementz de draps d'or et riches et
grands colliers à grosses pierres, et estoict vng prince
bien magnificque. Il tenoict les quatre grands festes
de l'an en tout estat royal et receuoit le Corps de
Nostre Seigneur, et la feste sainct Michel pareillement,
où son père auoict gagné la victoire [1].

Ce fut le plus large prince de son temps. Il cheuauchoit toujours par son païs et se logeoit ès maisons
des nobles, et jamais ne logeoit en ville qui n'en
amendast. Il entretenoict de presque toutes les maisons nobles de son païs, du moins vng noble homme.
Il ne failloit poinct de moyen à parler à luy au plus
poure de son païs, et faisoit sa grâce où bon luy
sembloit, et congnoissoit veritablement son cas et
qu'il auoict affaire. Il n'y a maison de nom en la
duché qui peult dire que de luy, en son temps,
n'amendast.

Et fut en sa jeunesse nourry avec Philippes duc de
Bourgoigne [2]. Le païs se conduisoit par les Estatz,
qui pendant sa minorité luy assemblerent vng grand
thresor.

Après, aduint que le roy d'Angleterre descendit à
Toucque auec grande armée. Les Françoys feirent
leur armée pour combatre, et fut mandé du roy le
duc Jean, qui sa seur auoit espousée, qui assembla
cinq mil lances; mais en celuy temps on vsoit plus
de lances que d'archiers; et passa o ceste belle com-

pagnie à Rouen pour aller secourir le roy. Mais les Françoys, pour ce qu'ilz se voyoient en plus grand nombre que les Anglois et par le grand et merueilleux orgueil qui de tout temps est en eulx, despriserent le duc, les Bretons et leur ayde, et ne daignantz les attendre, donnerent bataille aux Anglois à leur grand dommage et deshonneur. Et fut celle battaille [à] Agincourt ¹ et y mourit la pluspart de la cheuallerye de France.

Lors le duc, voiant que les François ne l'auoient riens prisé, s'en retourna et son armée en son païs en entier, et ne se voulut plus mesler de la guerre de l'une part ne de l'aultre, combien que fut marié à la seur du roy. Auxi le roy d'Angleterre estoit marié à sa mère. Et se tint en son païs en grant prospérité et richesse, lorsque la grant guerre estoict au roiaume de France, et se retirerent toutes les richesses du royaulme en la duché, pour la seurté et paix qui y estoict entretenue. Toutesfois, les Bretons s'en alloinct en France seruir le roy, mais le duc fesoict semblant de riens n'en sçauoir, combien que souuent leur donnoit de l'argent et des cheuaulx. Et seruirent les Bretons et porterent le faiz de la guerre de France sur toutes les aultres nations.

Le duc estoict vng bon prince et de bon couraige, ainsi que j'ay dessus recitté, et entretenoict, entre les aultres ses subiectz, le conte de Painteure et ses freres⁴, cuidant tousiours, par sa grant doulceur et bien leur faire, destruire leurs obstinez et faulx courraiges du desir qu'ilz auoient de tousiours reuenir ⁵ à la prin-

cipaulté de Bretaigne ; et les tenoict près de luy et les
amoit.

Vn jour, ilz prierent le duc qu'il luy pleust aller
à Chentosceaulx, où estoict la contesse de Pantieure,
leur mère, pour le deuoir festaier et honnourer, ainsi
que debuoient le faire. Les seigneurs de son conseil
estoient tousiours malcontens qui se fioit tant en eulx,
et plussieurs luy deslouoint° ce voiaige. Il ne voulit
croire conseil′, comme plussieurs princes qui en sont
vollontiers desceus. Janne de France° print ses deux
filz François et Pierre et les monstra aux seigneurs
de Bretaigne, en leur monstrant la traison de ceulx de
Bloys et leur requerant aide pour la deliurance du
duc leur bon prince, et desploia le tresor de
Bretaigne et poia toutes gens. Alors monseigneur de
Rohan, qui cousin germain estoict de ceulx de Blois°,
et tous les autres barons qui estoint leurs parens, et
tous les subiectz de la duché se asemblerent et misdrent le siège à Chentousceaulx, et s'y trouuerent
d'une nation la plus belle compaignée que jamais on
aueit veu. Et le roy ¹°, qui consenty tacitement la
prinse du duc auoit, eust volontiers donné confort à
ceulx de Bloys ; mais quant il sceust la grande puissance que au siége estoict, il demoura sens semblant.
Les Bretons tindrent si bien leur siége et assaillirent
tellement le chasteau, qui vn des forts du royaulme
estoict, et le minsdrent en telle subiection, que le duc
leur prince leur fut rendu ¹¹, et arrasèrent nettement
la place.

Après long temps, le duc maria son filz François à

madame Yolend d'Aniou, *Rollant Rengo*, sœur du
roy de Secille [12]. Et furent les nopces à Nantes, et y
furent les gens d'estat, tous [seigneurs] et dames de
Bretaigne, et aussi y fut missire Jan duc d'Alençon [13],
filz de la seur du duc Jan. Et après les nopces et les
grans chères et de grans dons que le duc auoit donné
audit duc d'Alençon, et après auoir prins congé du
duc Jan, alla maistre Jan de Malestroict, euesque de
Nantes et chancellier de Bretaigne, qui renommé estoict de gránt sçauoir [14] et en s'en allant conduire ledict Alençon, il le print [15] et le mena auecques luy à
Pouencé. Quant le duc Jan sceut le faict, il s'en alla
à Rennes et là fist assembler ses monstres [16] et son
armée et s'en alla mettre le siége à Pouencé, et le duc
d'Alençon s'enfouyt. Toutesfoys, le duc asubiectta la
place, où sa seur estoict et son dict chancellier, qui
moult marrrie fut de ce que son filz [auoit] ainsi faict
et luy rendit son chancellier. Et dempuis, le duc
d'Alençon requist pardon au duc et à luy se pacifia [17].

Le duc Jan regna bien XL. ans en grant pacience, et
troicta son païs ainsin que dauant est dict, et aug-
menta son tresor et lessa son païs riche. Et fina ses
jours à la Touche près Nantes [18] et fut ensepulturé
en l'église de Sainct Pierre près son père, l'an
mil IIIIᵉᵉ XLII.

Et pour ce que auoict fondé vne chapelle de Sainct
Yues à Lantriguer et qu'il aueit ordonné que son
corps y fut porté, IX. ans dempuis, les relicques y furent portez, et là repose. Je prye à Dieu qu'il en aict
l'ame !

VI

Mœurs et naturel du duc Françoys le bien aymé *

Près Jean regna Françoys, son filz aisné, qui se conduisit selon qu'auoict faict son père, et racueillit tous ses seruiteurs en l'estat qu'ilz estoient à son père. Il honora Dieu et saincte Eglise, et aloit tousiours aux sermons, et traicta la justice, la noblesse de son pays et le peuple aussi bien ou mieulx que son père. Il disoit ses heures canoniales chascun jour et jamais ne se coucha qu'il n'eust dict vigiles de mortz, et croy que Dieu luy rendist à sa fin, ainsi que vous orrez.

Ce fut vn des plus beaux hommes de sa duché et le plus humble et honneste prince qui fut jamais. Il honora et ayma les dames sur toutes choses, et danses et joustes et ouïr chanter, et tout ce que noble cœur de prince doit aimer. En son temps, il n'estoit parlé que de toute joye. Il receuoit, à l'exemple de son père, son Sauueur ès festes de l'an, et y tenoit estat royal. Ce fut le plus aymé de tous les estatz de son pays et de tous estrangiers, que prince de son temps.

* Ms de l'Arsenal, f. 121 R°; — Bl.-Mx. XLVI, p. 387, 307.

Il auoit vne louable condition, qu'il n'y auoit si proche et familier de luy qui peust, pour mesdire, mettre vn homme en sa male grace. Et quand aulcun disoit mal d'un aultre, il n'en faisoit semblant mais s'enquéroit de la cause qui l'esmouuoit d'ainsi mal parler, ne si il y auoit eu debat ou hayne entre eulx ou leurs amys; et quant il pouuoit dessantir¹ aulcune raison de là à demy an ou plus, en s'efforçant², luy disoit la raison pourquoy aultresfoys il luy auoit dict mal de l'aultre. Et si le seruiteur voulsist trop soustenir sa raison en disant mal de l'aultre, le duc luy disoit qu'il n'en parlast plus, et qu'il valoit par auanture [autant] ou mieulx que luy; et la part qu'il trouuast l'aultre, il luy fesoit plus grant chère que si on n'eust dict nul mal de luy. Tant plus estoit son proche³, tant plus le faisoit; car il ne vouloit pas qu'homme pensast, pour proximité que nul eust de luy, qu'il deust être si gouuerné qu'il eust puissance de nuire à aulcun.

Il auoit tousiours sa chappelle et sa grand messe, et quant il alloit deuers le roy, c'estoit grand chose que de voir son estat.

VII

Histoire du duc Françoys le Bien aymé et des choses aduenues de son règne*.

Ⅰ L auint qu'il s'appoincta vnes treues ¹ entre les roys de France et d'Angleterre, soubz laquelle, et de la part le roy de France, fut comprins le duc et la duché de Bretaigne. Et pendant ycelles treuues les Englois qui en Normandye estoinct tenoient Sainct Jame de Bouron ², à quatre lieues de Fougères, et soubz ombre desdictes treues alloinct et venoinct souuent à Fougères les Anglois. Et regarderent et viserent la place, qui leur sembla belle et riche, et leur print enuie de la prendre, et de faict le firent par vng eschellement ³ qu'ils jetterent deuant le chasteau ; et par ce rompirent les treuues. Le duc François incontinent enuoya grosse garnison à Sainct Aubin du Cormier pour garder le païs, et le feist sçauoir au roy, qui incontinent fist sçauoir et requérir les conseruateurs de l'en reparer et rendre la place : à quoy les Englois ne faisoint que dissimuler. Pendant le temps le duc faisoit son armée, et incontinent en-

* Ms. de l'Arsenal, f. 118 V° à 120 V° et f. 122 V°; — I.-Mˣ, XLVI, p. 304-386 et 388-310.

uoya vne belle armée de Bretaigne, qui prindrent
le chasteau de Morteing, et puix s'en retourna l'armée en Bretaigne. Le roy envoya deuers le duc mes-
seigneurs de Dunois, bastard d'Orléans, de Presigné[4]
et messire Pregent de Coitiui, admiral de France,
qui remonstrèrent au duc comme le roy estoict de-
plaisant de la prinse de sa ville et appoinctèrent l'allience du roy et du duc[5], qui parauant ne s'en mes-
loict point de sa guerre, et que le roy luy aideroit à
recouurer sa place et à se venger des Englois. Et,
quelque manière qu'en fist le roy, il ne luy auoit,
long temps a, passé si grant joye au cœur, et là fut
juré et faict l'alliance de mener la guerre aux Angleis,
et par ce faict et alliance les Anglois en perdirent la
duché de Normandye, ainsi qu'ensuilt.

Le duc, son armée bien assemblée pour se venger,
entra en Normandye et s'en alla deuant Coustances,
qu'il print incontinent et Regneuille. De là s'en alla
à Quarentan et le print et le Pont Douue, Valognes,
Sainct Saueur le Viconte, Milly Euesque. Et de là
alla prendre Sainct Lo[6], et s'en reuint par Gaurey
qu'il print pareillement. Et puix s'en vint au siége à
Foulgères, que son frère messire Pierre y auoict mips,
et tellement fist battre la ville que les Anglois la rendirent[7]. Et de là s'en alla mettre le siége à Auranches,
et la feist battre de son artillerye tant que elle luy
feust rendue[8]. Et par le grand trauail qu'il print à
celle guerre luy print vne malladye, qui retourner le
feist en Bretaigne.

Bien tost après, descendit en Costentin misir Tho-

mas Keruel *, lieutenant du roy d'Angleterre et fut
à Longe, à Sainct-Vast, et auoit auecques luy
bien huict mil hommes Englois, qui incontinant
mirent le siége à Valognes, et furent bien vng mois
dauant, et leur fut rendue la place. La nouuelle en
vint au duc François, qui voulut aller pour les combattre. Toutesfois, missire Artur de Bretaigne,
connestable de France (qui son oncle, frère du duc
Jan son son père, estoit) luy remonstra qu'il ne
deuoict pas se mettre en celluy dangier, veu qu'il es-
touect ainsi mallade, et fut aduisé que monseigneur
Artur connestable meneroict partie de l'armée de
Bretaigne et iroict. Et trouva les Anglois à Fremigné ¹⁰. Et y auoict des cappitaines de Bretagne que le
duc auoit laissé à la garde des places que conquises
auoi., .. monsieur le duc de Bourbon et des François qui cheuauchoient et hardoient les Anglois ;
mais ilz n'estoinct pas assez pour les combattre. Aussi
tost que mondict seigneur le connestable et les Bretons
arriuerent, de toutes les partz donnerent dans la bataille des Anglois, et par ce fut bientost la duché de
Normandye deliurée des Anglois.

La maladye du duc, qui demouré estoict, le chargea fort, et s'en alla à Plaisance prez Vennes, en vne
maison que faicte auoit, et là, quand il aprocha de sa
fin, il manda à son frère messire Pierre et tout leur
conseil et leur dist qu'il congnoissoit bien sa fin estre
prochaine, et fist et ordonna son testament. Et che-
minoit comme si n'eust eu nulle malladie. Et
ordonna pour la duchesse sa femme, qui fille du roy

d'Ecosse estoict, et pour ses deulx filles, et pour ses seruiteurs, et feist jurer aussi Pierre, son frère, qu'il accompliroit tout le deuiz de son testament. Et après luy dist :

« Beau frère, je vous recommande ma femme, mes filles et mes seruiteurs, dont plussieurs ont aultresfois serui nostre père, et leur estes plus tenu qu'à d'aultres. Et prenez, sur la mort que je vais receuoir, que je ne trouve en eulx que toute loiaulté. Beau frère, traictez vos subiectz amiablement, et par doulceur vous aurez le cœur de leur ventre et tout ce qu'ilz ont ; et par rigueur, à grand peine en aurez chose qui bien vous face. Et ne vous cutez[11] pas, comme vostre naturel vous incline, car ilz veulent voir leur prince, et est le plus grand plaisir qu'ilz aient. Vous avez veu comme ilz m'ont serui en ceste guerre. Jamais ne fut vne si loiale nation, et si je eusse vescu, je les eusse recongneuz, mais je vous prie que pour moi vous le faciez. »

Après, chascun se retira et aussi le duc de sa part. Et ce pendant on minst la duchesse dans la chambre où auoict faict ses ordonnances, et fut mené en la chambre de la duchesse, qui plus grande estoict, et à ce que ses seruiteurs le vissent. Et là, l'éuesque de Landes, Cordelier, qui son beau pere[12] estoict, luy alla querir son Sauueur. Et ce pendant estoict suz piedz et se chaussoit, et luy va souuenir de la duchesse et dist qu'il failloit qu'il print congé d'elle. Il alla droict à sa chambre ; la duchesse vint au dauant de luy au pas de l'huis, et la baisa ainsi que si fut tout sain, et luy dist :

« Adieu, m'amye, je suis tres fc·· mallade ; j'ay
ordonné à beau frère Pierre pour vostre estat et pour
mes filles, je croy qu'il ne vous fauldra pas. Je vous
prie que vous gouuernez sagement. »

Et en lui disant adieu, la rebaisa. Luy reuenu appella vng de ses beaux peres et le mena entre les cour-
tines de son lict et se reconcilia [13], et puix s'en reuint
et luy fut apporté son Sauueur. Incontinent que le
veid, il s'agenoilla et s'acouda tout seul sur la cherre
qui pour ce auoict été dressée, et fist son oraison deuant son Sauueur, et puix se leua en estant et veid
ses seruiteurs de toutz estatz tout plein celle chambre.
Lors à tous leur requist pardon et leur dist qu'il
n'auoict regrect en sa mort, sinon qu'il ne les auoict
pas assez recongneuz des seruices qu'ilz luy auoient
faictz et qu'il auoit ordonné à son frère, qu'il croioit
que pour l'amour de luy ne leur failliroit pas. Incontinent se mist à genoux et receut son Sauueur, et après
se leua et requist encore à toutz pardon et leur dist :

« Je vous prye que vous toutz preniez patron à
moy, que ay esté vostre prince, et n'est plus rien de
moy. »

Lors fut despouillé et mins en son lict; et quand
il fut couché, comme ses seruiteurs venoinct, qui ne
y auoient pas esté, il leur requeroict à toutz pardon.
Et lors fut mis en onction et aida tout au long à soy
y mettre. Et incontinent ce, print à tirer [14], et print
sa croix en sa main dextre, le cierge en l'aultre, et
tira du jeudi au soir jusques au samedi, et oncques
ne varia : où il auoict les ieux mortz, il boujoit les
leures et nommoit et disoit *Jesus*.

Ainsi finit le bon duc François, le plus grant cheualier que oncques ceignit espée. Je prie à Dieu qu'il
luy face pardon et qu'à touz ceulx qui Dieu priront
pour luy il doint bonne vye et bonne fin. Et fut le
jour sainct Arnol, le xviie jour de juillet l'an mil iiii^{ee}L,
qui estoict le perdon de Rome.

Ce jour, [fut] le chappitre general des Frères de
sainct François son parrain, qui le conduirent à l'abbaye de Redon, deuant le grand aultier de Sainct
Sauueur [15], et là repose. Dieu en aict l'ame.

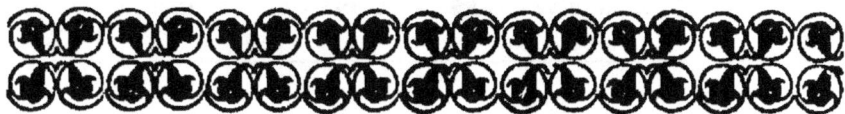

VIII

*Des choses aduenues du temps du duc Pierre le Simple, les mœurs duquel sont descrittes à la fin de sa vie. **

L aduint en son temps, après que le roy Charles septiesme eut mips en subiection et en son obéissance Bordeaulx et tout le païs de Gascongne, que ceulx de la ville de Bordeaulx se retournerent vers les Englois [1] et leur baillerent leur ville, qui incontinent conquirent plussieurs places de Gascongne. Quand le roy Charles sceut icelles nouuelles, il feist son armée pour y retourner et les reduire, et enuoya deuers le duc Pierre, son nepveu, luy prier qu'il luy enuoyast des lances et des archiers.

Lors le duc auoict auecques luy monsieur François de Bretaigne, filz de monsieur Richart conte d'Estampes, frère du duc Jan, qui vng beau jeune et honneste seigneur estoict et agréable aulx dames, et estoict cousin germain du duc Pierre, et dempuix succéda à la duché et fut duc. Très aise fut le duc d'auoir matière de l'enuoier deuers le roy, et luy

* Ms. de l'Arsenal, f. 122 V° à 124 R°; — Bl.-Mx, XLVI, p. 310-312.

bailla son armée, qui fuct belle et honneste et de gens de bien et de grant estat et en grand poinct. Le roy luy feist et à ses gens très grand chère et racuil [2] ; et lors s'assemblerent l'armée de Bretaigne auecque celle du roy et s'en allerent mettre le siége à Castillon [3], et fortifierent leur siége et y feirent vng très beau champ [4].

Le sire de Talbot, qui lieutenant du roy d'Angleterre estoict à Bordeaux, asambla auecq les Anglois vng grand nombre de Gascons et s'en vint à bennière desployée pour venir leuer le siége de Castillon. Les François, qui bien en auoient ouy les nouuelles, les sieurs et cappitaines, midrent et baillerent ou champ à chascun sa garde et enuoyerent vne grande et belle compaignée de gens veoir venir les Anglois, et se mindrent les François en vne plene belle en bataille [5].

Les Anglois, qui en bataille venoint, tantost qu'ilz les veirent, marcherent les archiers sans en rien eux arrester. Et en effect les François tournerent, et furent reboutez dedans leur champ bien lourdement. Tantost les battailles des Anglois vont arriuer, et sans marchander vindrent assaillir les François dedans leur champ, et à une barrière qui y estoict y eut de belles armes. Mais les François ne pouuoient endurer le faix des Anglois, et s'ilz fussent entrez vne foix au champ, l'oppinion estoict qu'il feust demouré aux Anglois.

Les Bretons, à qui leur garde auoit esté baillée, n'en osoinct bouger, et auoinct tant desir de combattre

que merueilles. Il alla vng seigneur et cappitaine des
Bretons deuers les seigneurs et cappitaines de France,
qui voioient que les François clairissoient* à la barrière et, s'il n'y auoict aultre remède, que les Anglois
gaingneroient le champ ; et le leur monstroit[7], et le
dist ès seigneurs, et offrit à y amainer les Bretons, ce
que ilz consentirent volontiers ; et n'y sçauoint trouuer remède, mais estoint moult esbahis.

Lors l'enseigne de Bretaigne marcha tout à pié, et
au plus tost qu'à la barrière arriuerent, les François
sans courtoisye ne prières* la leur laisserent. A l'assembler y eut les plus belles armes du monde, car les
Englois congneurent bien le sanguin* de Bretaigne,
et qu'ilz auroint bien à besongner. Là y eut de merueilleux coups de lance et de jusarme, et dura bien
demye heure ce debat. En la fin, les Anglois ne peurent soustenir les merueilleux coups que les Bretons
leur donnoient, et se recullerent de la barrière. Incontinent les Bretons la ouurirent et vindrent joindre
main à main o les Anglois, que tantost tournerent à
desconfiture. Là y fut tué le sire de Thalbot et toutz
les plus gens de bien Englois, et gaignerent les Bretons leurs armes, et entre les aultres celle de Sainct
George[10], qui fut gaignée par vn cheualier nommé
Giffart, qui estoit Breton des parties de Rennes, et
vne grande renommée et bruyt du roy et des Françoys[11].

Après celuy temps, le duc Pierre cheut en vne
longue maladye, et passa[12] à Nantes l'an mᶜᶜᶜᶜᶜᵛᵘ, et
fut son corps porté en l'église Nostre Dame de

Nantes et dauant le grand autel minps, et là repose.
Dieu luy face pardon.

Celuy duc Pierre estoit beau, hault et droict;
mais il n'estoit de si grand entendement que son
père et frère trespassez, car il estoit subiect aux gens
de sa maison et ne faisoit rien sinon ainsi qu'ilz
vouloient. Aussi il ne se seruit ne ne retint nul des
seruiteurs de ses predecesseurs [13], mais les estrangers
très fort. Toutesfoys, il estoit enclin en aulcunes
choses à la nature de ses predecesseurs. Il amoit
l'Eglise et ses subiectz, et ne leva en son temps que
bien peu de deniers extraordinaires. Aussi n'eut il
pas en son temps de grandz affaires. Il laissa son
pais riche et comblé de tous biens, et succeda au
duc Françoys son frère, qui n'auoit laissé nulz enfans masles.

IX

S'ensuit la chronicque du duc Artur le Justicier

APRÈS le duc Pierre, qui nulz enfans n'auoit laissez, succeda à la duché monseigneur Artur conte de Richemont, connestable de France, qui son oncle estoict, frère second du duc Jean son père.

Iceluy Artur estoict vieux homme quand il vint à sa principaulté. Il fut nourry en sa jeunesse avec monseigneur d'Orléans qui fut tué à Paris, et après, ainsi que j'ay dauant dict de la battaille d'Agincourt, à icelle y fut monsieur Artur prinsonnier du roy Henry [1], qui marié à madame sa mère estoict. Et le tint longuement et le menoict auecque luy à la guerre, là où monsieur Artur aprint beaucoup de faictz de la guerre. Et dempuix, le roy Henry le deliura [2], par ce qu'il luy fist serment de jamais ne s'armer à l'encontre de luy. Bien tost après trespassa le roy Henry, et monsieur Artur s'en alla deuers le roy de France, qui le feist son connestable [3].

Ce fut vng prince de grand justice, et fut cruel,

* Ms. de l'Arsenal, f. 124 Vᵒ à 126 Rᵒ; —Bl.-Mz, XLVI, p. 313 à 315.

mais la raison l'auoit en soy, car il y auoict si forte
guerre par tout le roiaulme que homme ne sçauoict
où se mettre en surté; et quand il cheuauchoit ⁴ et il
trouuoit de ces rottiers ⁵ qui destruioint le roiaulme
les malefaisans il les faisoict pendre. Entre aultres, il
feist noyer vn bastard de Bourbon qui tenoict les
champs. Aussi le roy estoict gouuerné bien souuent de plussieurs qui mal tretoinct les faictz du
royaulme ; quant il les pouuoict empoingner, il les
faisoict gecter en la riuière, et le craignoint tousiours
et le roy et ses gouuerneurs. Et estoict petit homme
et n'estoict guère fort, mais il estoict sage et vaillant.

Il aduint que les Englois vindrent pour leuer le
siége de Boesgency ⁶, que les François tenoint. Monsieur le Connestable y alla, et auecq luy vne bien
grosse armée de Bretaigne, et là gaigna la batalle sus
les Englois, et y fuct prins le sire de Thalbot, et fut
la journée de Patay.

Dempuix, assembla encores vne grande armée, et
s'en alla passer les riuières, combien que delà et deçà
estoict et Paris et toutes les places engleises et bour-
gongnonnes, et tellement exploicta qu'il reduict vne
grand partie de Picardie et la conté de Champagne ⁷,
et enuoya missir Pierre de Rieux, mareschal de
France, auecq vne grosse armée, qui le païs de Caulx
reduict pareillement.

Celuy Artur fut marié à la sœur de monseigneur
de Bourgogne, qui veufue auoit esté de monsieur de
Guienne, aisné filz de France ⁸, et enuoya deuers
mondict sieur de Bourgoigne pour essaier à faire et

trouuer manière de troiter et accorder entre le roy et luy.

Et dempuix, alla en personne jusques à Neuers, où ilz prindrent jour et temps de se rendre de chaincune part pour celle matière, ce que fut faict et conclud dempuix en la ville d'Arras ⁹.

Et y alla monsieur de Bourbon et mondict sieur le Connestable et plussieurs aultres seigneurs de la part du roy, et y vindrent de grand seigneurye d'Angleterre pour cuider rompre l'appoinctement, ce que ne peurent faire. Ains fut acompli et faict, qui fut le plus grand seruice que [de] cent ans auant fust faict à [roy] de France, car par ce moien recouura son roiaulme.

Dempuix, mondict sieur le Connestable assembla son armée et s'en alla dauant Paris, où les Englois éstoint, qui contre luy saillirent à batalle, et les desconfit, et incontinant entra en la ville de Paris et la reduict en la main du roy ¹⁰.

Dempuix, il fist le seruice au roy en la batalle de Fremigné, où les Engleis perdirent la batalle, ainsi qu'est dessus recité en l'histoire du duc François.

Ce fut vn sage et vaillant prince, qui ne laissa pas l'office de connestable pour luy estre aduenue la duché de Bretaigne, et disoict, puisque l'espée luy auoict par aultre temps faict honneur, que pareillement il luy en vouloit faire. Et quand il alloit deuers le roy, il faisoict porter l'espée de connestable par son escuier de escurye en escharpe, et ledict escuier portoit en la main la pointe de l'espée de Bretagne

amont et le chappeau de l'escuier de Bretaigne sur sa
teste.

Icelluy duc Artur ne regna que quinze mois et
fina ses jours à Nouel l'an m. cccc. lviii [1], et fut ensepulturé aux Chartreux de Nantes, que estoint auant
en icelle eglise chanoines fondés, et les mua ledict
duc Artur en Chartreux, et là repose. Dieu en aict
l'asme !

CHRONIQVE ABRÉGÉE

des

ROIS ET DVCS DE BRETAGNE

AVANT LA MAISON

de

MONTFORT

AVERTISSEMENT

'EXTRAIT de la *Chronique abrégée des rois et ducs de Bretagne* de Jean de Saint-Paul, que nous donnons ici, est omis dans la copie des Blancs-Manteaux ; dans le Ms. de l'Arsenal, il n'a aucun titre. Celui que nous avons suppléé indique, croyons-nous, assez fidèlement ce que l'auteur avait entendu faire dans la partie de son œuvre antérieure aux guerres de Blois et de Montfort, c'est-à-dire un abrégé historique contenant la succession des rois et des ducs, avec les principaux événements de chaque règne.

Si nous avions cette partie comme Saint-Paul l'avait écrite, nous aurions dû la placer en tête en guise d'introduction, avant le chapitre de la *Bataille des Trente*. Malheureusement, en faisant cet extrait, le copiste du XVI⁰ siècle a lui-même fort abrégé ou plutôt mutilé cet abrégé. De plusieurs rois bretons (même de Conan Mériadec !) il ne donne que le nom. Dans sa précipitation il a des oublis, des distractions, qui produisent des lacunes considérables, une, entre autres, de près d'un siècle, de Conan le Gros (mort en 1148) à Jean le Roux (duc en 1237), et ce n'est pas la seule. Il y a tout lieu de croire aussi que, même pour les princes qu'il n'oublie pas et dont il rapporte autre chose que le nom, le copiste du XVI⁰ siècle a abrégé, peut-être un peu modifié le texte de

*

Saint-Paul. Voilà pourquoi, au lieu de donner à cette introduction historique la place que lui destinait l'auteur, nous sommes forcés de la rejeter à la fin, comme appendice.

Telle qu'elle est, elle prouve que l'œuvre de Jean de Saint-Paul embrassait, sous une forme ou sous une autre, l'ensemble des annales de notre province, et qu'on y doit voir le premier essai d'une Histoire de Bretagne en langue française. Il n'est guère douteux que les notices consacrées par Saint-Paul à chaque prince breton, sans être très développées, l'étaient cependant bien plus que les extraits auxquels se borne le copiste du XVI⁰ siècle. On en trouve la preuve dans deux d'entre elles que le copiste paraît avoir respectées, celle du roi Hoël le Grand à cause de la gloire du grand Arthur, et celle d'Alain Barbetorte, par égard pour cette vieille chronique rimée, peinte sur la muraille de Notre-Dame de Nantes. au-dessus de la tombe du héros, et que Saint-Paul avait tournée en prose.

Quant aux sources d'où notre auteur a tiré sa *Chronique abrégée*, la principale doit être le *Chronicon Briocense*, dont il suit exactement le système pour les origines, c'est-à-dire pour la succession des princes bretons antérieurs au IX⁰ siècle.

Il a d'abord les onze rois de la dynastie conanienne de Geoffroi de Monmouth : 1. Conan-Mériadec, — 2. Gralon ¹, — 3. Salomon I⁰ʳ, — 4. Audren, — 5. Budic, —

---

¹ Grallon ni Salomon I⁰ʳ ne sont nommés par Geoffroi de Monmouth. Cet auteur ayant dit en parlant du roi Audren : *Aldroenus rex a Conano quartus*, il a fallu trouver deux noms à intercaler après Conan. Grallon est très historique comme comte de Cornouaille, mais non comme roi de Bretagne. Salomon est fabuleux.

6. Hoël le Grand, — 7. Hoël II, — 8. Alain Ier, — 9. Hoël III, — 10. Salomon II. — 11. Alain II.

Puis, comme la *Chronique Briochine*, il passe à Conober. Seulement ici, le copiste du XVIe siècle ayant confondu Alain Ier et Alain II, saute immédiatement d'Alain Ier à Conober, en omettant les trois derniers rois. Il a aussi oublié d'inscrire dans la liste le nom de Budic. Ces lacunes ne peuvent être du fait de l'auteur. Pour lui, comme pour la *Chronique Briochine*, Conober, qui dans Grégoire de Tours n'est que comte de Vannes ou de Browerech, devient le 12e roi de toute la Bretagne[1].

Lui mort, la Bretagne est envahie par des barbares que la *Chronique Briochine* appelle Frisons et Goths, et Jean de Saint-Paul *Gallicans* : nom sous lequel il n'entend pas désigner les habitants de la Gaule, puisqu'il dit que ces « Gallicans entrèrent *par mer* en Bretaigne et la degas- « tèrent jusqu'à l'arrivée de Rouallon ».

Ce Rouallon est le Riwal ou Riwallon de la *Chronique Briochine*, le premier roi domnonéen, que cette chronique a eu le tort de confondre avec le Riwelen Mur-Marc'hou du *Catalogue des comtes de Cornouaille*, et dont elle a fait, non moins à tort, le 13e roi universel de la Petite-Bretagne sous le nom de Riwal *Meurmarʒou* et non de Riwallon *Murmacʒon*, comme D. Morice et bien d'autres l'ont imprimé : car le manuscrit du *Chronicon Briocense*, qui se donne la peine d'interpréter ce mot breton, porte en toutes lettres : « Riuallus *Meurmarʒou* britanice, i. e. Magnarum mirabilium[2]. »

Dans la Chronique de Jean de Saint-Paul, comme dans

---

[1] Cf. Dom Morice, *Preuves de l'Histoire de Bretagne*, I, col. 14.
[2] Biblioth. Nat. Ms. lat. 6003, f. 32 R°. — La vraie lecture de ce mot n'est ni Murmaczon ni Meurmarzou; c'est *Murmarchou*,

celle de Saint-Brieuc, les sept rois de la dynastie domno-
néenne — Riwal, Déroch, Riatham, Jona, Judual, Jud-
haël, Judicaël — sont transformés en successeurs de
Conan Mériadec, régnant sur toute la Petite-Bretagne :
ce qui donne à ce pays, avant le IX⁰ siècle, dix-neuf rois
successifs. On doit même en compter vingt, car suivant
cette opinion, l'usurpateur Comorre qui tua Jona et qui fut
tué par Judual, mais après quatorze ans d'usurpation, aurait également régné sur toute la Bretagne.

Inutile de discuter ce système. Conan et sa dynastie
sont purement fabuleux. Grallon , Conober, Riwal et
ses descendants quoique très-réels, n'ont régné, les uns
et les autres, que sur des portions diverses de notre
péninsule, aucun sur la péninsule entière. Riwal et ses
descendants, comme rois de la Domnonée qui comprenait
le nord de l'Armorique, du Couësnon à la rivière de
Morlaix ; Conober comme comte du Browerech, Grallon
comme roi ou comte de Cornouaille, sont assurément
très-historiques ; comme rois de la Bretagne entière, ils
sont faux et chimériques.

Que si l'on cherche à ajuster les dates réelles de
Conober, de Riwal, de Judicaël, avec celles de la dynastie
conanienne d'après Geoffroy de Monmouth, on constate
les plus étranges anachronismes.

Selon Geoffroi, le dernier roi de la dynastie conanienne,
Alain II serait mort en 689 ou 690. Conober, qui est
censé l'avoir remplacé sur le trône de Bretagne, vivait en
56o. Riwal, qui aurait succédé à Conober — non immédiatement, mais après l'invasion des Frisons, des Goths, ou

que porte le Cartul. de Quimper (D. Morice, *Pr.* I, 174) et qui se
décompose en *Mur Marc'hou* ou *Marc'hoc* et veut dire littérale-
ment « Grand Cavalier ».

des *Gallicans,* — Riwal vivait en 514, et son dernier des-
cendant connu, Judicaël, en 636. Etc.

Mais à quoi bon insister ? On ne peut s'attendre à
trouver, surtout pour ces temps reculés, beaucoup de
critique dans le Chroniqueur anonyme de Saint-Brieuc, qui
écrivait en 1394 et qui est sans doute l'auteur de ce système. — Ce système d'ailleurs, si faux qu'il soit, témoigne
d'un effort sérieux pour rapprocher, combiner les
divers éléments fournis par la tradition, les légendes, les
documents historiques, et pour en tirer un corps d'annales
suivies, embrassant toute l'histoire de Bretagne.

Si le mérite de cette initiative appartient à l'anonyme Briochin, à notre Jean de Saint-Paul revient celui d'avoir fait le premier passer ce corps d'annales en
langue vulgaire, sous une forme propre à en répandre de
plus en plus la connaissance parmi les Bretons.

CHRONIQVE ABRÉGÉE

DES

ROIS ET DVCS DE BRETAGNE*⁻

---

§ 1. — *De Conan Mériadec à Alain Barbetorte*

ÉRIADEC (Conan Mériadec).

Après Conan régna GRALLON, son filz, qui eut tousiours victoire sur ses ennemis et fonda deux moutiers, l'abbaye de Sainct Jagu et l'abbaïe de Landeveneuc, ou païs de Cornouaille.

SALMON (Salomon 1ᵉʳ).

AUDREN ¹.

Après, régna HOUEL LE GRAND, l'an IIIᶜᶜIIIIˣˣ et x, ou temps duquel vindrent descendre sur le roy Artur, en la grand Bretaigne, les rois de Germanie o mer-

ueilleuse armée de païans, et s'en alla le roy Artur
audauant vers Barée (sic), et ne se trouua pas vers la
fin assez puissant, et feut conseillé se retirer à
Londres, où il feut aduisé qu'il enuoyast quérir secours en la maindre Bretaigne au roy Houaël, son
cousin.

Quand le roy Houaël ouït l'affaire du roy Artur,
il feist vne armée auecq xv mille combatans et alla
au secours du roy. Et les deux armées assemblées, les
doux rois liurèrent la bataille aux rois païans, et à
la première poincte ordonnerent iiii. mille Bretons
d'Armorique à cheual pour rompre les batailles des
païans, qui de faict le feirent, et par ce moien heurent
les rois Artur et Houel la victoire, et feurent occis
tous les païans.

Et dempuix, le roy Artur fut moult redoubté, et
passa en Gallie [*] et conquist le royaulme sur Frolo,
qui pour l'empereur Léon gouuernoit le roiaulme.
Et le roy Houel s'en alla sur les Acquitanians et conquist le roiaulme [de] Touraine, Paëtou et Angeou,
et en tua les rois, l'un nommé Huidhart et l'autre
Claudos.

Après que le roy Artur eut faict ses grandes conquestes, il se retira en la Grand Bretaigne pour se
faire couronner et faire la feste de sa joieuse victoire.
Et en ce faisant, Lucius, procureur et garde de la
puplicque chose de Rome, luy escript en luy remonstrant l'indignation qu'il auoit encorue contre
le senatoire (sic) de Rome, pour les conquestes des
roiaulmes qu'il auoit conquis et mins en son obéis-

sance et frustrés à celle de Rome, et y estoict le roy
Houaël de la maindre Bretaigne, qui fut d'oppinion
que le roy Artur estoict assez puissant et que deuoit
aller conquérir Romme et qu'il meneroit auecques luy
x. mil combatans. Et pour ce, le roy Artur enuoia
ses ambassadeurs.

Après le roy Houaël regna HOUAEL son filz, qui
vesquit vicieux et fina mauuaisement.

Après, régna ALAIN son frere, qui fonda l'abbaye
de Sainct Melaine ², et troicta son païs en son temps
peisiblement, et en Gallie tenoit grand seignourie,
qui contre luy se rebellerent par aulcun temps,
et par puissance de guerre les reduict en sa subiection ⁴.

Après, régna CONOBERT, qui eut Caldée à compagne,
fille à Clotolde ⁵, duc d'Aquitaine, et eut guerre o
le roy de France nommé Cloctuaire ⁶, lequel roy
auoit vng filz nommé Cramme, qui pour lors guerre
menoit au roy Cloctuaire son père, o l'aide duquel
Conobert desconfit les Gallicans, mais au tiers an il
mourit. Adoncq les Gallicans entrerent par mer en
Bretaigne et la desgasterent iusques à la venue de
Rouuallons.

Et icelluy ROUUALLONS ⁷ s'en vint du païs de Galles,
et estoit de la lignée de Iuor, fils du roy Cadualadrus,
qui retroit s'estoit audit païs, lequel encores mainte-
noict la guerre contre les Saezons en la grand Bretaigne, et par l'aide des Bretons de l'Armorique desconfit ses ennemiz. Et quand les Bretons congneurent
son sens et sa prouesse, et pour se mettre hors de la

subiection des Gallicans, esleurent Rouallon et le feirent leur roy. Et quand le roy Clotuaire de France, qui sa grand renommée sçauoit, sceut qu'il estoit en Bretaigne, il desira auoir à luy alliance et enuoya deuers luy ly prier qu'il vousit le aller veoir jusques à Paris, ce que Rouallons feist volontiers. Et le roy le receut grandement, et luy feist de grands dons, et ensemble feirent alliance, et s'en revint en Bretaigne Rouallons, et en grand justice et tranquilité tint toute sa vie son roiaulme.

Après, régna DEROCH.

Après, régna MOURMARGZO[9].

Après, JONA, qui troicta son réaulme paesiblement et fut occis par Comor traitreusement. Icellui Jona eut de sa femme doux filz, le premier Judual, le second Tremoray[9] qui fut sainct, qu'icelluy Comor feist aussi mourir, et meist à Paris Judual ou palais en chaitiffaison[10] et se minst ledit Comor ou règne de Bretaigne indebuement. Et en celluy temps vint sainct Sanczon en Bretaigne et la métropolite de Doul fonda, et entre ses aultres miracles, guerist vne lepreuse de sa malladye.

Après, regna JUDUAL, qui détenu estoict par le roy Childebert, qui eschappa ne sceis comment, mais il amena auecq luy la royne du palais[11] et la couronna à roine de Bretaigne, et chassa par force Comor dehors ; et demoura de luy et de la roine plusieurs beaux enfans, qui après luy regnerent.

Après, JUHAEL.

Après, régna JUDICAEL, qui eut grand guerre contre

le roy Dagobert de France, et gaigna sur luy doux
battailles, et chassa toutz ses anciens ennemis de son
pais. Et dempuix, il donna à vng frère qu'il auoit,
que moult amoit, vng grand partaige, et auoit nom
icelluy Haëllon. Lequel mauuais frère, quand il feut
saysi de ses terres, il se feist nommer duc de Bretaigne ; et sainct Malo pour lors auoict ediffié vne
eglise, et [Haëlon] la luy feist abbatre et despecer ;
très mal vesquit et fina mauuaisement. Icelluy Judicaël estoict simple, et par simplesse, contre le voulloir de ses subiectz, s'en alla à Perronne [12] et se
submist au roy Dagobert, ce que jamais n'auoit esté
faict.

Après, régna MARMONUS [13], auquel eut grand guerre
Louis, filz Charlemaine, qui comme empereur auoit
donné à vng nommé Angerlus (sic), des Gascons gou-
uerneur, le réaume de Bretaigne, et ce pendant trespassa, et en son temps jamais ne se voullut submettre
à l'empereur.

Puissant roi d'Occident, [NEOMENIUS] occist Reinal [14]
conte, et conquist la corté des Peiteuins et Enjou et
le Maine, et toute sa vye les poceda.

. . . .

Après, régna PSALMON (Salomon III), l'an huit cens
LX. En son temps fut apporté le corps sainct Mathé
en Bretaigne. Et enuoya au pape Adrian de riches
dons et présens, et feut outre mer et sur les Sarazins,
et à son retour le roy de France contre luy esmeut
guerre et voulut par puissance le asubiectir [15]. Il se
defendit sy vertueusement que le roy auecques luy

appoincta, et par icelluy le clama acquicté de toute
subiection. Et finablement feut occis en traison par
les Normans, ou par le nepueu du roy qu'il auoit
occis, appelé Erispogeus [18].

Après, régna ALLAIN nommé le Grant, qui soube-
tint la guerre des Normans toute sa vie.

Après, ALLAIN BARBETORTE, dont ensuist la chronicque, sellon vng tableau qui est en l'église de
Nostre Dame de Nantes [19], en rime, reduict en prose
et descript par Jan seigneur de Sainct Paoul, en l'an
M.CCCC.LXX.

§ 2. — *La Chronique du duc Alain Barbetorte.*

a lignée de celluy Allain feut telle. Il eut vng aïeul nommé Allain le Grant, qui eut vne fille qu'il maria au conte de Poher, de la quelle yssit Allain Barbetorte, qui tenu auoict esté sur les fons par Adostan [o], roy d'Angleterre. Icelluy premier Allain, aïeul, feut vng vaillant cheuallier, qui vaillamment deffendit sa duché en son temps ; et par les grands guerres de son temps, après son décès, feut grandement diminuée la cheualerie et peuple de Bretaigne.

Or est il que perauant ce temps estoinct descenduz les Normans infidelles qui estoient [de] Dennemarche, et vindrent d'une contrée appelée Septentrionnelle (*sic*) et [la] plus estrange pourlors du monde, et auoient destruict la duché de Guienne et de Normandie. Après icelluy faict, ou temps de l'euesque Allard de Nantes qui occis y feut, vindrent descendre à la Goulle de Laire, montèrent o le mont d'icelle, et prindrent la cité de Nantes, et par eulx fut destruicte et toutes les eglises et les chrestiens mins à mort, et entre autres l'eglise cathedrale de Nantes, tant que les ronces creurent partout en icelle cité, et le peuple qui en eschappa s'enfuit en France, en Bourgongne et Guienne.

Adonoques, icelluy conte de Poher auec son petit

filz, dict Alain Barbetorte, passa et s'enfuit en Angleterre et se rendit audict roy Adostain, parrain d'icelluy Allain, qui le receut et conforta.

Iceulx Normans monterent o le mont de la riuière
de Loire, prindrent Angers et de là Tours et les
destruirent, et de là monterent à Orléans, et ceulx de
la cité se mindrent en deffence, puix composerent, et
pour certaine somme d'argent que leur donnerent,
en deliurerent leur païs. Et se retournerent aval la
riuière iceulx Normans, et s'en retournant se arres-
tèrent en vne isle nommée Biecze, qui est en la
riuiere de Loire entre la cité de Nantes et Resay, et
par vng pou de temps y tindrent, tant qu'vne autre
puissance des gens de leur contrée suruindrent, lesqueulx voulirent partie auxditz biens et richesses,
[et leur liurerent] bataille, tant qu'il en mourit la
tierce partie de chaincune part, et aux derrains venuz
demoura le champ.

Iceluy Alain Barbetorte, qui en Engleterre estoict,
deuint puissant de corps, hardi cheualier et coura-
geux, qui occist vng sanglier ou vng ours o vng
baston de fust en sa main. Il assembla toutz les fui-
tiffz Bretons, qui lors l'esleurent à leur duc et propo-
serent de venir recouurer la duché de Bretaigne. Et
arriuerent près de la cité de Doul, où ils trouuerent
iceulx Normans, lesqueulx y feurent desconfiz et
occiz. De là marcherent auecq leur armée vers Sainct
Brieuc de Vaulx, auquel lieu en occidrent et tuerent
vne grande partye. Lors s'en retournerent tous les
peuples qui fuiz estoinct deuers leur duc Allain, et

s'enfuirent toutz les Normans qui eschapper peurent.

Or le duc Allain marcha o son armée à Nantes, laquelle lesdiz Noruyens resparoint [19], qui saglirent à batalle encontre luy en vng lieu nomme le pré Sainct Aignen, et recullèrent le duc jusques à la montaigne, où il et ses gens eurent grant soif et besoing d'eau. Et lors, Allain requist à Dieu et à Nostre Dame que il luy pleust luy secourir et luy donner de l'eau. La prière accomplie, oudit lieu sourdit vne fontaine qui luy et son ost conforta, et est encore aujourd'hui nommée la fontaine Nostre Dame. Et amprès qu'ilz eurent beu, assemblerent les batailles, et feurent desconfitz les Noruyens. La desconfiture faicte, s'en alla le duc à Nantes, et refeist faire les eglises et la cité, et là se rendit à luy plussieurs barons et seigneurs qui puissantz estoinct, entre lesquelz y vint Hosteron, euesque de Léon, lequel il feist euesque de Nantes, et bailla les possessions et preuilleges à l'église qu'elle auoit de parauant.

En celuy temps, régnoit en France vng roy nommé Louys, qui guerre auoit à l'empereur Othon, qu'estoit venu mettre le siége dauant Paris. Pour quoy le roy manda tous les seigneurs de son royaulme et ses alliez, entre lesqueulx manda le duc Allain, que y allast à Paris o grosse armée. Et pendant le siége que tenoit l'empereur, y auoit en sa compagnie vng cheualier Sauczon [20], qui cheuauchoit chaincun jour deuant la ville en demandant et requerant s'il y auoit aulcun qui saillist pour auecq luy faire armes. Et nul François n'auoict hardement de ce faire. Lors le duc Allain se feist armer et monta à cheual, et alla combattre le cheualier et l'occist, et en apporta la teste à Paris, dont le roy et les seigneurs de France le mercierent et louerent. Et ce faict, de courroux, l'empereur leua son siége et s'en alla en son païs, et delaissa sa guerre.

Icelluy Sauczon, que Allain auoict occiz, estoict frère de la roine de France, de laquelle le duc se doubta[21], et seix jours emprès le departement de l'empereur, le duc print congé du roy et s'en partit, et auecques luy, de par le roy et pour le conduire, s'en alla Tebault conte de Blois, qui sa sœur luy donna en mariaige. Et l'espousa et l'amena auecq luy en Nantes. Dudit duc et de celle dame yssit vng filz nommé Drogon. Et puix Allain trespassa, et bailla la garde de son filz au conte de Blois, et feut enterré à Sainct Donacien.

Et le lendemain que fut enterré, on trouua son corps hors de la terre. Et le reboutèrent encores en terre par plusseurs foys, et le chargèrent de grousses pierres, et tousiours se trouuoit au matin hors, combien qu'il feust gardé en outre de gendarmes. Vng bon sien conseiller, qui en son temps auoit congneu la grand deuotion qu'il auoit à Nostre Dame d'Estrée (sic), mesme qu'il auoit fondée et redifiée, [dist] que on y portast son corps, ce que fut faict. Et là repose[22].

Icelluy Allain auoict eu vne autre femme dont il auoict eu doux filz, nommés vng Guerech, l'aultre Houel. Cestuy Allain ama tant son filz Drogon, qu'il feist aux Bretons luy faire hommaige. Mais après sa mort sa femme se maria, et son mary eut le gouuernement de Drogo : auquel il print enuye de seignourir [22] en la duché, et feist Drogo en vng bain eschauder et mourir.

Si voulist ledit mary nommé Fulqo gouuerner la duché, mais les Bretons ly opposèrent et feirent de Houel leur prince, et son frere Guerech euesque de Nantes.

Ledict Houel feist grand guerre à Conan, pour lors de Rennes comte ; mais Conan feist occir Houel par vn sien cheualier Galleron.

Après, régna Guerech en la duché [24] et euesché de Nantes, et feist faire le chasteau de Anceniz sur la riuière de Loire, et deceda [en] ix[c] nonante et deux.

§ 3. — *De Conan Bérenger au duc Jean le Victorieux.*

ONAN BERANGIER, comte de Rennes [1]. Après, régna ALAIN, et régna xxx ans, et eut de sa femme Berte vng filz nommé Conan et vne fille nommée Haouyse, et gouuerna Normandie quand le duc Robert, père du Bastard, alla outre mer, et pendant celuy temps mourit et feut enterré à l'abbaye de Fescan.

Après, régna CONAN. Et pour ce qu'il estoict mineur, Eudon son oncle l'eut en garde et gouuernement, et tint vng parlement en Nantes en l'an M.LVII. Haouyse, la seur Conan, feut mariée à HOUEL, conte de Cornuaille, lequel à cause de sa femme succéda à la duché, pour ce que Conan mourit en sa minorité [26].

Après, ALLAIN régna, filz de ladicte Haouyse; pour ne sçay quelle cause fut Fergant surnommé, et feut o le duc Guillaume de Normandie à conquérir Engleterre.

Après, régna CONAN, qui eut vng filz nommé Houel, et vne fille nommée Berthe, qui fut maryée au comte de Porhouet [27].

. . . .

Après, régna JAN son filz, nommé le conte ROUX,

qui fut marié à Blanche de Nauarre et fonda l'abbaye de Prières, où il feut enterré, et Villeneufue,
Melleray, Lanuaux, et Sainct Aulbin en Penteure [20].

Après, régna JAN, qui fut marié à Béatrix, fille au
roy d'Angleterre, et eurent deux filz, l'un Artur,
l'autre Jan conte de Richemont. Icelluy Jan print le
voiaige à Rome et Jherusalem, et en s'en venant, à
Lion sur le Rosne en passant, vng portal de la ville
cheut sur luy et le tua. Et auxi estoit conte de Champaigne [20].

Après, régna ARTUR, qui est enterré ès Cordeliers
de Vennes, et feut marié en premières nopces o la
seule fille et héritière du conte de Lymoges, de laquelle il eut doux filz : vng nommé Jan qui après luy
feut duc ; le second ot nom Guy, qui eut et feut apa-
nagé à la conté de Limoges, laquelle conté il eschan-
gea o le duc Jan, son aisné, qui luy bailla en res-
compance la conté de Pentheure. Iceluy Guy mourit
premier que Jan son frère, et de Guy demoura vne
fille torte, qui mariée fut à Charles de Blois, qui par
ceste raison prétendoit droit, à cause de sa femme, à
la duché de Bretaigne.

Après Artur régna JEAN, qui fut marié à trois dames,
de qui il n'eut nuls enfans. La première feut sœur au
roy Phelipes de France, la seconde d'Escosse, et la
tierce de Sauoye. En son temps, le roy Edouard
d'Angleterre assiégea la ville de Tournay, et le roy
Phelipes feist son armée, et alla le duc auecq luy
pour le siege leuer [20], et grandement y seruit le roy,
qui toute sa vye très fort le aima. Et feut nommé le

bon duc Jan, et feut ensepulturé ès Karmes de Ploermel.

Charles de Blois contraria le duc Jan [1], conte de
Montfort, sur la duché, et par l'aide de Phelippes
roy de France, amena grand armée et assiégea Nantes,
et par faulx seellez et promesses le duc leur bailla la
ville et s'en alla à Paris auecques eulx. Et le mirdrent
en prinson, et après que de prinson feut eschappé, ès
Karmes de Quimperlé feut enterré.

Jean de Montfort le Victorieux espousa Jeanne de
Nauarre, mariée depuis au roy d'Angleterre.

NOTES

ET

ÉCLAIRCISSEMENTS

CHRONIQUE DES DUCS DE BRETAGNE

DE LA MAISON DE MONTFORT

NOTES DU CHAPITRE PREMIER

La Bataille des Trente.

PAGE 3.

'AN *mil III cens L, le sammedy auant le dis-*
manche Lætare.] *Lætare* est le IVe dimanche
de Carême, donc l'année est indiquée ici en
vieux style, et dans notre manière actuelle de compter,
il s'agit de 1351, non de 1350. En 1351, Pâques
tombait le 17 avril, le IVe dimanche de Carême était
le 27 mars. Le combat des Trente eut lieu la veille,
c'est-à-dire le 26 mars 1351. — Tous les auteurs qui en
ont parlé le mettent le 27 mars ; cette date est même gra-
vée sur la pierre du monument de Mi-Voie. Ce n'en est
pas moint une fausse date. On n'eût pourtant pas dû s'y
tromper, car l'auteur du poème contemporain qui raconte
en détail l'événement a pris soin, au commencement et

à la fin de son œuvre, de dire en prose que « la bataille de
« trente Englois et de trente Bretons fu faite le *sammedi*
« devant *Letare Iherusalem.* » Et dans son poème, au
moment où il rapporte le fameux mot *Bois ton sang*, il le
dit encore en vers (p. 3o-31, vers 411-414 et 418) :

> Ce fu un semmedy que le soleil roia,
> L'an mil ccc cinquante, croie m'ent qui voudra ;
> Le Dimence d'après Sainte Eglise chanta
> *Letare Iherusalem* en yce saint temps là....
> A ce bon semmedy Beaumanoir sy jeuna.

² *Robert Bombro.*] En 1857, M. Pol de Courcy a publié à
Saint-Pol de Léon une brochure in-4° de 72 p. et 2 ff. li-
minaires, intitulée : *Le Combat de trente Bretons contre
trente Anglais, d'après les documents originaux des XIVᵉ
et XVᵉ siècles; suivi de la biographie et des armes des
combattants.* Dans ce travail, la biographie des combattants des deux partis occupe la principale place (p. 27 à 72),
soit 46 pages de petit texte, et est traitée avec beaucoup
de soin. Les 26 premières pages contiennent un récit
du combat des Trente par M. Pol de Courcy (p. 1-18),
et enfin (p. 19-26) le chapitre de la Chronique de Jean
de Saint-Paul intitulé *la Bataille des Trente*, que nous
publions ci-dessus p. 3 à 9.

M. de Courcy l'a donné, comme nous, d'après le Ms. 3912
de la bibliothèque de l'Arsenal, qui était alors coté *Histoire
de France, nᵒ 263.* La copie qu'on lui en avait transmise
était apparemment en certains points inexacte et incom-
plète ; il crut pouvoir la rectifier et la compléter par
voie d'*intuition* ou, si l'on veut, d'induction. Tant y a que
son édition, en certains endroits, s'écarte beaucoup du
texte manuscrit, et par conséquent de notre édition qui
suit le manuscrit scrupuleusement. Il en résulte que, pour

défendre l'exactitude de notre texte, nous sommes con-
ᵗraints d'indiquer les principales inexactitudes de celui de
M. de Courcy. Ici, par exemple, le Ms. de l'Arsenal et celui des Blancs-Manteaux portent *Robert Bombro* ; M. de
Courcy imprime *Richart Bembro*. — Notez que, dans le
poème des *Trente* (édit. Crapelet), le chef des Anglais est
aussi appelé *Robert*.

PAGE 4.

¹ *Plussieurs grosses parolles chevalereuses s'esmurent.*]
Et non, comme imprime M. de Courcy: « Plussieurs
grosses parolles *chaleureuses s'entredisent.* »

⁴ *Bombro accorda à Beaumanoir la battaille, de chaix-
cune part* XXX.] C'est à dire, « la bataille de trente de
chacune part, » ce qui se comprend fort bien. M. de Courcy imprime : « la bataille de *chacun par* xxx, » ce qui ne
se comprend guère et n'est pas dans le Ms.

⁵ *Barons et autres.*] M. de Courcy imprime : « barons
et *escuiers.* »

⁶ *Pour ce hault ouvre parfaire.*] Ces cinq dernières
lignes imprimées entre guillemets sont mises, en style
direct, dans la bouche de Bembro. Ici, et dans plusieurs
autres passages, Jean de Saint-Paul paraît avoir suivi un
manuscrit du poème différent de celui qu'a édité Crapelet
en 1827.

⁷ *Chaier en la chouaisie.*] Choir, tomber au choix.

PAGE 5.

⁸ *Monsieur Geffroy du Boys.*] M. de Courcy ajoute :
« et monsieur Jehan Rousselot. » Non seulement Jean de
Saint-Paul ne nomme point ici Rousselot, mais par une

méprise singulière, il le met un peu plus loin dans la liste des combattants anglais.

⁹ *Et les Fontenaiz.*] Cela suppose au moins deux frères de ce nom dans les Trente ; d'Argentré mentionne aussi ᶜette opinion. Cependant M. de Courcy imprime : « et *le* Fontenoyz, » — ce qui contredit le texte de J. de Saint-Paul.

¹⁰ *Et Hugot Tritus.*] M. de Courcy imprime : « Hugo *Catus* ». Dans le Ms. de l'Arsenal, *Tritus* est probablement une faute du copiste, mais encore était-il nécessaire de mentionner *Catus* comme une correction. Le poème porte :« Huguet Capus.»

¹¹ *Et luy devons bien remembrer Budes.*] M. de Courcy imprime : *En luy disant se* bien remembrer *Eudes.*

¹² *Et Maurice et Geslin d'Entre Ougui.*] M. de Courcy imprime : « Maurice *Trésiguidy*, Geslin *de Lanloup* ». On peut voir dans *d'Entre Ougui* une faute du copiste du XVIᵉ siècle défigurant le nom de *Tresiguidi*, plus ou moins bien écrit par Jean de Saint-Paul ; mais pour cet auteur, ce Maurice et ce Geslin étaient certainement frères ou au moins portaient le même nom. Il n'y avait donc nullement lieu d'intercaler ici un *Lanloup,* dont Saint-Paul n'a pas eu idée de parler.

¹³ *Jahennot de Serent.*] Entre Jeannot de Sérent et Maurice du Parc qui le précède, M. de Courcy ajoute « Geffroy de Mellon », que Saint-Paul ne mentionne pas en ce lieu.

¹⁴ *Misir Robert Bombro.*] M. de Courcy imprime « Richart Bembro. »

¹⁵ *Cronolle, et Carvallay et Crucaut.*] C'est la leçon des deux mss. Il faut lire Knolles, Caverley, Crucart ou Cruchart.

¹⁶ *Rupefort.*] M. de Courcy imprime. « Repefort ». Le poème porte Rippefort.

17 *Tomelin Bellefort.*] M. de Courcy imprime « *He-nefort* », le poème porte « *Belifort* ».

18 *Clamaban.*] Le Ms. porte *Damaban*, — faute du copiste du XVIe siècle. Le Baud (Ms. fr. 8266 de la Bibl. Nat.) a *Clamaban*, et le poème *Clemenbean*.

19 *Janequin le Gauchoup.*] C'est la leçon du ms. des Bl.-Mx.; le ms. de l'Arsenal écrit « le *Guauchoup* », qui est le même mot, c'est-à-dire « le *Gauchoux* ou le *Gaucher* », surnom donné à l'un des Anglais, qui sans doute se battait de la main gauche, et que le poème appelle de son vrai nom, Betoncamp. — M. de Courcy a imprimé « Jannequin *de Guenehoup* ».

20 *Hanequin Crouart.*] M. de Courcy imprime « Hennequin *Hérouart.* »

21 et 22 *Tomelin Huleton, et Robinet Melipart, et Ysaray et Valenton.*] Pour ces quatre noms, M. de Courcy a altéré plus ou moins le texte de J. de Saint-Paul; il imprime : *Hualton, Mauliépart, Ysanay et Valentin.*

23 *Jean Rousselot.*]On est d'autant plus surpris de voir notre chroniqueur mettre ici Rousselot parmi les Anglais, qu'un peu plus bas, dans le récit du combat, il le range formellement parmi les Bretons. La méprise vient très probablement de ce que, dans le manuscrit du poème suivi par Saint-Paul, le nom de l'Anglais *Troussel* se sera trouvé mal écrit, de façon à produire une confusion avec celui de *Rousselot.*

24 *Robin et Adès Adolo, et le nepvo Dardaine.*] On pourrait lire aussi : « Robinet Adès, Adolo, et le nep-vo Dardaine ». — M. de Courcy imprime : « Robin Adès, *Andelé*, et le nepvou Dagorne. » — Dagorne, pour d'Aggeworth, est une bonne correction fournie par le poème. Le changement de « Adolo » en « Andelé » est moins justifiable.

[25] *Et quatre Bretons dont les noms ensuivent.*] Depuis Jean de Saint-Paul, tous les auteurs qui ont parlé du combat des Trente affirment, comme lui, que Bembro avait dans sa troupe quatre Bretons du parti de Montfort. Le fait n'est pas certain. L'une des versions du poème du *Combat des Trente*, celle que semblent avoir connue d'Argentré et Saint-Paul — et qui aujourd'hui est représentée par le manuscrit encore inédit sorti de la bibliothèque de M. Ambroise-Firmin Didot, — cette version termine ainsi l'énumération des compagnons de Bembro :

> *Quatre Bretons* y furent, par le corps saint Lenart,
> Perrot de Comellan et Hamon le Gaillart,
> Raoulet du Primant, Dagorne Renouart.

Et un peu plus bas :

> Or a Robert Brambroch choisy ses compaignons :
> Trente furent par nombre et de trois nacions,
> Car vingt Anglois y eust hardis comme lyons,
> Avecq six Alemans avoit *quatre Bretons.*

Mais dans la version de ce même poème représentée par le manuscrit de la Bibliothèque nationale édité en 1827, les vers correspondants (169-171 et 175-178) sont ainsi conçus (p. 20 de l'édition Crapelet) :

> Et quatre *Brebenchons,* par le corps saint Godart,
> Perrot de Commelain, Guillemin le Gaillart,
> Et Raoulet d'Aspremont, Dardaine fut le quart.
> ....
> Or a Robert Bomcbourc choysy ses compaignons :
> Trente furent par nombre et de trois nations :
> Car xx. *Englois* y oust hardis comme lions,
> Et vi. bons *Alemans,* et quatre *Brebenchons.*

M. de Courcy (p. 69) a cru pouvoir concilier ces deux opinions, en admettant à la fois dans la troupe de Bembro des Brabançons et des Bretons. Cette conciliation n'est pas possible : Bembro aurait eu ainsi des guerriers de quatre nations, et les deux versions du poème s'accordent à n'en mentionner que trois.

Mais laquelle des deux versions a raison sur la nationalité des quatre derniers compagnons de Bembro ? Sans traiter à fond cette question, nous ferons observer que Froissart nomme, comme ayant pris part au Combat des Trente, un chevalier de Flandre ou de Brabant appelé Enguerrand d'Hesdin (Froissart, édit. Luce, t. IV, p. XLV-XLVI, 115 et 341) : ce qui prouverait que Bembro avait bien sous ses ordres des Brabançons, et même — étant données les altérations que le poème se permet vis-à-vis des autres noms — ce nom *d'Hesdin* ou *du Edin* pourrait, sans rien forcer, être assimilé au *Dardaine* de la version imprimée du poème.

Dans ce cas, il faudrait renoncer à trouver des Bretons dans le bataillon de Bembro et chercher en Flandre ou en Brabant la patrie de ses quatre derniers compagnons. Cette question ne pourra toutefois être complètement traitée que lors de la publication du manuscrit de M. Firmin Didot.

PAGE 6.

[26] *Et eurent haches, espées, et plusseurs autres bastons*]. M. de Courcy modifie ainsi ce texte : « Et eurent haches et espées, et *plusieurs, lances et fauchons*. » — Sous le nom de *baston* on comprenait alors toute sorte d'armes offensives.

[27] *En les priant...*] C'est Beaumanoir qui prie ainsi ses compagnons.

[28] *Où la bataille avoit esté ordonnée à estre estée.*]

C'est-à-dire à être dressée, présentée ; comme on dit *ester* en justice, du latin *stare*. M. de Courcy imprime : « à estre *livrée*. »

²⁹ *Pour ceste bataille et cest afaire mener à fin.*] M. de Courcy imprime : « ... et *est* affaire à mener à fin. »

³⁰ *Ne vouloient que soict remuée la bataille.*] Les mss. portent : « *Le* vouloient » etc. — faute évidente. M. de Courcy imprime : « Vouloient que *feust donnée* la bataille. »

³¹ *De grand encesserance.*] De grande antiquité, de grande *ancèserie*. Comme ce dernier mot, *encesserance* dérive d'*ancestre* et marque l'antiquité de la race. Le Ms. porte *ensessoance*, qui ne signifie rien et est une évidente faute du copiste.

³² *Et Beaumannoir respond à Bembro : Je le [te] souránvie.*] Ce dernier mot, fort mal écrit dans le Ms. de l'Arsenal, reste en blanc dans celui des Bl.-Mˣ. Mais on n'hésite pas à le lire comme nous le donnons, dès qu'on se reporte au passage correspondant du poème (p. 27), où Bembro dit :

> Rens toy tost, Beaumannoir, je ne t'ochiray mie,
> Mais je feray de toy vn present à m'amie....
> Et Beaumanoir respont : Je le te sour envie.

C'est-à-dire : « J'envoie sur toi ce dont tu me menaces », — je te renvoie ta menace, — c'est moi qui te ferai prisonnier et te donnerai à m'amie.

Au lieu de : « Je le [te] souranvie », M. de Courcy imprime : « Je te *forsclorrai* », ce qui voudrait dire selon lui : Je t'en empêcherai. — Il n'y a pas trace de « forsclorrai » dans la Chronique de Saint-Paul.

---

[33] *Geffray Mellon fut mort... et monsieur Jan Rousselot.*] Geoffroi Mellon, oublié ci-dessus dans la liste des compagnons de Beaumanoir, et Jean Rousselot, rangé à tort parmi les Anglais, reprennent ici leur place légitime dans le bataillon immortel des Trente Bretons.

PAGE 8.

[34] *Je te sauveray la vie.*] M. de Courcy imprime : « Je te *lairay* la vie. »

[35] *Se tenir ensemble.*] M. de Courcy imprime : « Se tenir *serrez*. »

[36] *Car dam Cruchart l'Allemand et Thomas Bellefort.*] M. de Courcy modifie ainsi ces noms : « Car *Croquart* l'alleman et Thomas *Henefort.* » Le poème porte : « dam Crucart et Thomas Belifort. »

[37] *Là moureut vng Anglès et vng Allemand et Dagorne de Reuenes.*] Le passage correspondant du poème, dans l'édition Crapelet, diffère notablement (p. 3o) :

> Là mourrut *deux* Englois et vn bon Alemant,
> Et *Dardaide da derains* le connuett soudoiant
> Fu mort et abatu ens vn pré verdoiant.

Cette différence suppose, aux mains de notre chroniqueur, une version du poème s'écartant sur certains points de l'édition imprimée. Il faut remarquer aussi que le texte du second de ces trois vers est visiblement altéré et presque incompréhensible. Raison de plus pour tenir compte de la version conservée par notre chroniqueur; M. de Courcy, au lieu de la reproduire exactement, imprime :« Là moururent ung Englois et ung Alleman, et d'Ardaine le dérain. »

PAGE 9.

38 *Faulx et mauvais, qu'avez-vous à vous en aller ?*]
M. de Courcy imprime : « Faulx et mauvais *guairiez !*
comment vous en allez ? »

39 *A ce coup feurent les Anglois desconfitz ; qui poit si*
en print, choaisit et amena.] M. de Courcy déplace cette
phrase du texte de Saint- Paul, la rejette à la fin du récit,
et en modifie ainsi le second membre : « ... *et* qui *voulsit*
en print, choaisit et amena *au chastel Jocelin.* »

NOTES DU CHAPITRE II

Guerres de Blois et de Montfort.

PAGE 10.

CHARLES de Blois avait été fait prisonnier par les Anglais à la bataille de la Roche-Derrien, le 18 juin 1347. Il resta en Angleterre jusqu'en avril 1353, qu'il obtint du roi Edouard III la permission de passer en Bretagne, après avoir livré en otage au prince anglais ses deux fils, Jean et Gui. Le 10 août 1356, sa liberté lui fut assurée, Edouard III l'ayant mis à rançon, mais en gardant ses deux fils jusqu'à parfait paiement de cette rançon. (D. Morice, *Preuves de l'Histoire de Bretagne*,] t. I, col. 1486 à 1489, 1495, 1509-1511.)

² *A Mauron, la veille de l'Ascension, l'an mil CCC.LII.*
C'est le mercredi 16 mai 1352, Pâques étant cette année-là le 8 avril, et l'Ascension le 17 mai.

PAGE 11.

³ *Quand Jean de Montfort fut parcreu.*] C'est-à-dire, arrivé à l'âge d'homme. Il s'agit du Montfort qui devint le duc de Bretagne Jean IV. A la mort de son père, en 1345, il avait trois à quatre ans. Il prit part au siège de Rennes en 1356. (V. dom Lobineau, *Hist. de Bret.*, I, p. 351.) Il fut émancipé le 22 juin 1362. (D. Morice, *Pr.*, I, 1546).

⁴ *Furent mandez à Sainct-Omer.*] Les conférences de Saint-Omer entre Blois et Montfort, annoncées dès le

mois d'octobre 1361, ne s'ouvrirent que le 1er mai 1362.
Elles n'eurent aucun résultat. On y proposa de diviser
la Bretagne entre les deux prétendants, ce qu'ils refusèrent
tous deux. (D. Morice, *Hist. de Bret.* I, p. 299 ; *Pr.*, I,
1557).

PAGE 12.

⁵ *Le cœur.*] Ici, au lieu du mot *cœur*, le Ms. de l'Arsenal a un petit dessin à la plume représentant un cœur.

⁶ *Le doubta et prindrent unes treuves.*] Le « doubta »,
c'est-à-dire le redouta. — Cette trève fut conclue à Châteauneuf de la Noë, en août 1362, pour durer jusqu'à la
Saint-Michel 1363. (Voir Guill. de Saint-André, dans D.
Morice, *Pr.*, II, 314, édit. Charrière, p. 448).

PAGE 13.

⁷ Cette campagne, qui aboutit au siège de Bécherel, eut
lieu au printemps et au commencement de l'été de 1363.

⁸ *En la lande de Euran.*] Le Ms. de l'Arsenal porte ici
Euray, et plus bas *Auran* : deux fautes de copiste. Il s'agit
ici des landes d'Evran, près Dinan.

PAGE 14.

⁹ *Les seigneurs... chainouvrirent que cun auroit vne
partie de la duché.*] Ouvrirent l'avis, proposèrent. C'est
le célèbre traité des landes d'Evran, qui est du 12 juillet
1363. (Voir *Chronicon Briocense* dans D. Morice, *Preuves*,
I, 42 ; cf. col. 1565 et 1581).

¹⁰ *Avant qu'il eust nulle partye de la duché.*] Ici, *il* c'est
Jean de Montfort.

PAGE 15.

11 *Le prince de Gales.*] Le Ms. de l'Arsenal porte *Galaes*, faute évidente du copiste.

12 *Compareurent au jour assigné.*] Le 24 février 1364, à Poitiers.

PAGE 16.

13 *Et proposoint les François.*] Les François disaient en leurs propos....

14 *Et ramentoint.*] Et rappelaient.

15 *Charles et les sieurs qui avec lui estoinct.*] Le Ms. de l'Arsenal a très-souvent ce mot *sieurs*, en toutes lettres, pour *seigneurs*. Appartenait-il originairement au texte de Saint-Paul ? N'est-ce pas plutôt une traduction plus ou moins légitime, par le copiste du XVIᵉ siècle, de l'abréviation *Srs* mise dans l'original pour *seigneurs?* Nous serions porté à le croire. Mais comme ce n'est là qu'une conjecture, nous imprimons le mot tel qu'il est dans le Ms. de l'Arsenal.

PAGE 17.

16 *Qu'il estoict dimanche... et le jour Sainct-Michel.*] Le dimanche 29 septembre 1364.

17 *Qu'ilz ne doubtoint en rien de battre Jan.*] Le Ms. porte : « *de bat de Jan* » — ce qui n'a pas de sens.

PAGE 18.

18 *Ordonna ses chevaliers.*] Le dernier mot est d'une lecture un peu douteuse ; M. de la Pilorgerie, dans la copie qu'il nous a communiquée, écrit : « Ordonna ses *eslles*, » ce qui pour le sens est satisfaisant. Mais nous n'avons pu

voir *eslles* dans le Ms.; nous y lisons *chrs* surmonté d'un signe abréviatif, ce qui est une des abréviations du mot *chevaliers*.

[19] *Neaultmointz que fut à pou de gens.*] Quoiqu'ils fussent peu de monde.

PAGE 19.

[20] *Es sortz Merlin.*] Dans les prophéties de Merlin. On les consultait souvent dans cette guerre. Nous avons vu que Bembro y avait trouvé à tort l'annonce de la victoire des Anglais au combat des Trente, ci-dessus p. 6.

[21] *Le chevallier... assembla à la bataille de Charles.*] C'est-à-dire, joignit et chargea le corps de bataille commandé par Charles de Blois. On trouve souvent dans Saint-Paul cette expression : « Les batailles assemblent, » pour dire que deux armées ou deux troupes ennemies se joignent et s'attaquent.

[22] *Et tant s'eslongea.*] Et *s'éloigna* tant (du lieu où il combattait d'abord) qu'il arriva au chevalier dont la cotte était couverte des armes de Bretagne. Le Ms. porte : « les longea » — faute évidente.

PAGE 20.

[23] *Es elles.*] Aux ailes, c'est-à-dire sur les flancs de l'armée de Charles de Blois.

[24] *Et les feist desarmer leurs cuisses.*] Ils se débarrassaient de leurs cuissards, pour pouvoir marcher et se battre à pied.

[25] *Et assembla à eux par derriere.*] Calverly prit en queue le corps de Charles de Blois, que Chandos et Clisson chargeaient en tête.

[26] *La batalle du conte (de Montfort) fut tost relassée.*]

L'attaque du chevalier Vert l'avait ouverte, mais cette
brèche fut fermée, les rangs furent reformés, renoués,
relacés.

²⁷ *Se desroier.*] Se défaire, se rompre, se disperser.

PAGE 21.

²⁸ *La ville de Redon.*] Se rendit à Jean de Montfort sous
les conditions portées dans un traité du 8 octobre 1364,
publié par D. Morice, *Pr.*, I, 1583.

PAGE 22.

²⁹ *Ainsi que autresfois s'en estoit fouy le conte en son
enfance.*] Le comte de Montfort, frère de Jean III, ayant
été emmené prisonnier en France en décembre 1341, son
fils tout enfant (le futur vainqueur d'Aurai) avait été
envoyé en Angleterre.

³⁰ *En tapignage.*] En tapinois, en secret.

PAGE 23.

³¹ La commission du roi de France à l'archevêque de
Reims et au maréchal de Boucicaut est datée du 25 octobre 1364 et publiée dans D. Morice, *Pr.*, I, col. 1564.

³² *Le duc Jan son oncle.*] Non pas oncle, mais cousin
de Jeanne de Penthièvre.

PAGE 24.

³³ *Porteroit.*] Il s'agit de Jeanne de Penthièvre.

³⁴ *XIIᵐ francs de terre... par assiette de chevaliers
prodhommes.*] C'est-à-dire, une rente de douze mille
francs, assise sur des biens territoriaux appartenant au
duc et qui seraient déterminés par des chevaliers connus

pour leur honnêteté et leur compétence en telle matière.

35 *Misions.*] Mises, dépenses.

36 Ce traité de paix, connu sous le nom de traité de Guérande, ou premier traité de Guérande pour le distinguer de celui de 1381, fut signé dans cette ville, en l'église collégiale de Saint-Aubin, le samedi saint 12 avril 1365. Le texte en est imprimé dans D. Morice, *Preuves*, I, 1588-1598.

37 *En grand pacience.*] En grande paix.

PAGE 25.

38 Jean IV fit l'hommage de la Bretagne au roi Charles V le 13 décembre 1366. Le procès-verbal de cette cérémonie est dans D. Morice, *Pr.*, I, 1608-1613.

39 *Les emparliers du roy.*] Les orateurs, les officiers chargés de parler au nom du roi.

40 *Monnoies.*] Le Ms. porte *mon* avec un signe abréviatif.

41 *Pertinentes.*] Le Ms. porte *par tenues*, — faute évidente.

NOTES DU CHAPITRE III

Chronique de Jean le Victorieux.

PAGE 26.

L^e roi de France demandait au duc de Bretagne, non de faire la guerre aux Anglais, mais de ne pas leur livrer passage sur son territoire pour attaquer la France, comme il l'avait fait en 1370; voir D. Lobineau, *Hist. de Bret.*, I, p. 394.

² *Les Bretons n'estoient pas contens qu'il (leur duc) se gouvernoit par les Anglois.*] Le 21 février 1371, le duc de Bretagne avait assuré le roi d'Angleterre, par une déclaration officielle, qu'il voulait faire alliance avec lui « envers et contre tous. » (D. Morice, *Hist.*, I, p. 338.) Cette alliance fut conclue par un traité en date du 19 juillet 1372, imprimé aux *Preuves de l'Hist. de Bret.*, II, 40-45, et dont l'instrument original tomba aux mains du duc de Bourbon dans la campagne des Français autour de Rennes en 1372. Bien que notre auteur ait parlé de cette campagne immédiatement après le passage auquel se rattache la présente note, il a omis cette particularité curieuse, rapportée dans la *Vie du duc de Bourbon.* (D. Lobineau, *H. de Bret.*, I, p. 405.)

15

PAGE 27.

³ *Guel.*] Gaèl, auj. commune du canton de Saint-Méen, arr. de Montfort, Ille-et-Vilaine.

⁴ *Forcer à ses appoinctemens.*] Violer les conventions faites avec le duc de Bretagne.

⁵ *Pour la hayne que tenoit les Anglois avecques luy.*] A cause du mécontentement éprouvé par les Français de ce que Jean IV gardait les Anglais dans son duché.

⁶ *Qu'il les convoiast.*] Qu'il les fît reconduire jusqu'au port d'où ils retourneraient en Angleterre.

⁷ *Se delibera les combattre.*] Combattre les Français.

PAGE 28.

⁸ *Que pour tarder un pou, il croisse tousjours.*] C'est-à-dire que le duc Jean IV, en tardant un peu à attaquer les Français, verrait croître ses forces. Cela répond au passage suivant de Guillaume de Saint-André (D. Morice, *Pr.*, II, 231; édit. Charrière, p. 487), où les Bretons disent au duc :

> « Et aron cause plus certaine
> De combattre l'autre sepmaine.
> Auxi voz gens seront créuz,
> De toute part à vous venuz,
> Et si serez moult plus puissant
> De gens que n'estes maintenant. »

⁹ *Le duc… s'enfuit en Engleterre.*] Repoussé de toutes les villes et châteaux de Bretagne, qui lui fermaient leurs portes en raison de son anglomanie, le duc Jean IV fut contraint de quitter son duché, et il s'embarqua à Concarneau pour l'Angleterre le jeudi après la Quasimodo, 28 avril 1373. (Voir *Chronic. Brioc.* dans *Pr. de l'Hist. de Bret.*, I, 46, et D. Lobineau, *Hist. de Bret.*, I, p. 406.)

[10] *Montmuran, Derval et Auroy feurent assieger et prins.*] Bien d'autres places tombèrent ou plutôt se rendirent d'elles-mêmes aux mains des Français, qui sous la conduite de du Guesclin soumirent en très peu de temps, et presque sans coup férir, toute la Bretagne dans le printemps et l'été de 1373. (D. Lobineau, *Ibid.*)

PAGE 29.

[11] Les ducs de Lancastre et de Bretagne débarquèrent à Calais avec leur armée en juillet 1373. (*Chronic. Brioc.* dans *Pr. de l'Hist. de Bret.*, I, 47.)

[12] *Le duc Jean luy segnifioit les raisons pourquoy... il se reputoit son ennemy.*] Cette proclamation ou lettre de défi est imprimée avec quelques variantes dans D. Lobineau, *Hist. de Bret.*, I, p. 408, et *Pr. Hist. de Bret.*, II, c. 67.

[13] *Avoit espousé sa seur.*] Marie d'Angleterre, fille d'Edouard III, et sœur du duc de Lancastre, mariée au duc de Bretagne Jean IV.

[14] *En ma route.*] Le Ms. de l'Arsenal et celui des Bl.-M[x] portent : « en ma *coute* » ou « en ma *conte*. » Pour justifier notre correction, il suffit de citer le passage correspondant de Guillaume de Saint-André, que Jean de Saint-Paul reproduit ici presque mot pour mot, en se bornant à le mettre en prose (D. Morice, *Pr.*, II, 333 ; édit. Charrière, p. 492.):

> Lancastre lors lui respondit :
> « Je prise trop peu vostre dit.
> Si gasté avez vostre avoir,
> De ce ne m'en doit-il chaloir.
> Mais s'en ma *route* voulez estre,
> Ne serez pas comme le maistre ;
> Pour ce, à part vous retraiez,
> Car avec moi plus ne serez. »

PAGE 30.

¹⁵ *Tira.*] La copie des Bl.-Mˣ porte : « tria. »

¹⁶ *Et quand il passoit.*] *Il*, c'est le duc de Bretagne Jean IV, ainsi que le prouve le passage correspondant de la « Cronicque, » comme dit deux lignes plus haut Jean de Saint-Paul, c'est-à-dire de la chronique rimée de Guillaume de Saint-André, que notre auteur, ici, suit d'assez près et qui porte (D. Morice, *Pr.*, II, 334 ; édit. Charrière p. 494) :

> Pour ce leur dit (Jean IV): « Foulx est qui tarde.
> Mielx nous vaut faire l'avant-garde
> Bien loign devant comme courours,
> Car tousdiz nous aurons secours
> De l'ost, qui bien nous secourra
> Droit à Bordeaux, quant il pourra. »

¹⁷ *Ardoié.*] Ou *hardoié,* harcelé.

¹⁸ *Les courous.*] Les coureurs.

¹⁹ *Carlac.*] Les deux mss. portent *Cadillac ;* mais ici encore le texte de Guillaume de Saint-André nous permet de constater et de corriger la faute des deux copistes; dans le passage correspondant il dit (D. Morice, *Pr.*, II, 334 ; édit. Charrière, p. 494) :

> Si estoient ses gens bien lassez...
> Grand talent avoient de manger,
> Chaincun cheval estoit bien flac.
> Il va aller droit à Charlac.

Charlac ou Carlac, c'est aujourd'hui Sarlat, chef-lieu d'arrondissement du département de la Dordogne.

PAGE 31.

²⁰ *Et combien qu'ilꝫ feurent moult lasseꝫ.*] Il s'agit des Bretons qui suivaient Jean IV.

[21] *Jacob la Vieille.*] Dans Guill. de Saint-André (D. Morice, *Pr.*, II, 335 ; édit. Charrière, p. 496), ce capitaine est appelé « Jacob *Laleulle.* » Le nom est étrange, presque *imprononçable ;* sans doute il y a là une faute, il faut vraisemblablement lire « Jacob *l'Aïeulle,* » ce qui rendrait très naturelle la mutation de *l'Aïeulle* en *la Vieille.*

PAGE 32.

[22] *Lymel.*] Limeuil, auj. commune du canton de Saint-Alvère, arrond. de Bergerac, Dordogne.

[23] *Lynde.*] Les mss. portent *Luyde,* faute. C'est Linde ou la Linde, auj. chef-lieu de canton de l'arrond. de Bergerac.

[24] *Après, s'en alla à Bordeaux.*] Il dut y arriver assez avant dans l'automne de 1373. Le duc de Lancastre ne l'y rejoignit que vers les fêtes de Noël. (D. Lobineau, *H. de Bret.*, I, 410.)

[25] *Et puis s'en passa en Engleterre.*] Il quitta Bordeaux, en février 1374, alla par mer à Aurai où il resta quelque temps, et de là en Angleterre. (*Chron. Brioc.* dans D. Morice, *Pr.*, II, 48.)

PAGE 33.

[26] *Et s'en alla en Flandres devers le conte.*] Vers la Toussaints 1375. (D. Lobineau, *H. de Bret.*, I, 413.)

[27] *Pour accroire.*] Pour accroître.

[28] *Vint descendre en Léon, à Sᵗ-Paul.*] Cette expédition, antérieure au voyage de Jean IV en Flandre, eut lieu durant le carême 1375, c'est-à-dire en avril ou en mars, Pâques étant cette année-là le 22 avril. (D. Lobineau, *H. de Bret.* I, 411-412.)

PAGE 34.

[29] *Le duc Jan qui fuitif estoit en Angleterre.*] Il y était revenu de Flandre en juin 1377. (*Id. Ibid.*, 413.) Il fut

sjourné à comparaître le 4 septembre 1378 devant la cour
ou parlement du roi de France.

³⁰ *Le roy tenant son lit de justice.*] Quoique l'ajournement eût été donné au duc de Bretagne pour le 4 septembre 1378, le roi ne tint son lit de justice pour l'ou-
verture de ce procès que le 9 décembre suivant. Les
députés de la comtesse de Penthièvre, qui revendiquait le
duché, s'opposèrent à la confiscation de la Bretagne et
développèrent leurs raisons dans les séances des 10, 11,
13, 15, 16 et 17 décembre. Nonobstant, la sentence de
confiscation fut prononcée le 18. (D. Morice, *Pr.*, II,
201, 340-343 ; et d'Argentré, *H. de Bret.*, 3ᵉ édit. liv. IX,
ch. 3.)

³⁰ *Et appliquée la duché de Bretaigne*,] c'est-à-dire
réunie à la couronne.

PAGE 35.

³¹ *Se delibererent (les Bretons) eux armer et fortifier
leurs places contre les gens du roy, en deffendant leurs
droictz et previlleges.*] Voir l'acte d'association des nobles
et des bourgeois de Bretagne pour empêcher l'invasion
du duché, en date du 25 avril 1379, dans d'Argentré, *Hist.
de Bret.*, 1ᵉ édit., liv. VIII, chap. 290, et dans D. Morice,
Pr., II, 214-218.

³³ *Le roy envoya... grant chevalerye à Angiers, et
manda les nobles de Bretagne... à Paris.*] Le tout peu
de temps après Pâques 1379 qui était le 10 avril ; voir
Chronicon Briocense dans D. Morice, *Pr.*, I, 52.

PAGE 36.

³⁴ *Envoyerent Eustache de la Houxaie le querir (le
duc) en Engleterre, lequel l'amena à Dinan.*] Le duc

Jean IV s'embarqua à Southampton le 22 juillet 1379, débarqua le 3 août à l'embouchure de la Rance, probablement à Dinart *(in alveo fluvii de Rance prope Maclovium)*, et se rendit le 6 août à Dinan, où il tint une sorte de cour plénière et reçut les hommages de tous les Bretons, puis fit son entrée à Rennes le 20 août (D. Lobineau, *H. de Bret.*, I, 423-424 ; D. Morice, *Pr.*, I, 53-54 ; et II, 347-348.)

[35] *Coëtmen.*] Le Ms. de l'Arsenal et la copie des Bl.-Mx portent *Coettuen*, faute évidente. Cette énumération des seigneurs venus à Dinan offrir leurs bras au duc de Bretagne est évidemment tirée de Guillaume de Saint-André, qui écrit *Coëtman*, et qui met aussi dans ce nombre le vicomte de Rohan et le sire de Montfort (D. Morice, *Pr.*, II, 348 ; édit. Charrière, p. 523). La *Chronique de Saint-Brieuc* en ajoute bien d'autres, et en tête Jeanne de Penthièvre, la veuve de Charles de Blois (D. Morice, *Pr.*, I, 55).

PAGE 37.

[36] *Alliés.*] Les mss. de l'Ars. et des Bl.-Mx portent « aultres, » — faute.

[37] *Se rendirent.*] Le Ms. de l'Ars. porte : « *lesquieux* se rendirent. » *Lesquieux* est de trop.

[38] Le duc d'Anjou, frère de Charles V, roi de France, avait épousé Marie de Blois, fille du vaincu d'Aurai et de Jeanne la Boiteuse.

[39] *N'auroit plus nom Bretaigne, mais auroit eu nom Confisquée.*] Guillaume de Saint-André met cette menace, avec beaucoup d'autres, dans la bouche des Français, auxquels il fait dire (édit. Charrière, p. 527) :

« Pour ce n'ara plus nom Bretaigne ,
El perdra son nom et s'enseigne :

> *La Confisquée* l'appelleron.
> Breton en ville nul lerron,
> Ains peupleron tout leur pals
> Des subgiz à la flour de lis. »

Ces vers ont été omis par Lobineau et Morice, dans leur édition de Guillaume de Saint-André.

⁴⁰ *A Pontorson furent prises vnes treves.*] Ces négociations sont du mois d'octobre 1379. (Voir D. Morice, *Pr.* II, 233-235 ; et D. Lobineau, *H. de Bret.*, I, 425.)

PAGE 38.

⁴¹ *Le duc delibera envoier querir les Anglois.*] Il envoya des ambassadeurs au roi d'Angleterre le 10 janvier 1380 et conclut un traité d'alliance avec lui le 9 mars suivant. (D. Morice, *Pr.*, II, 236 à 242.)

⁴² Toute cette campagne malchanceuse des « gallées d'Espagne » doit être du printemps de l'an 1380.

PAGE 39.

⁴³ *Leur.*] Le Ms. porte *luy*, — faute.

⁴⁴ *Enfiérirent.*] Devinrent fiers.

⁴⁵ *Sainct Lessaire.*] *Sic* Ms., c'est Saint-Nazaire.

PAGE 40.

⁴⁶ *Parantes.*] Mieux vaudrait *parentes* pour *apparentes*, deux de leurs galées qui avaient meilleure apparence.

⁴⁷ *L'isle de Reuis.*] La presqu'île de Ruis, près Vannes.

⁴⁸ *Son aigle.*] Allusion à l'aigle bicéphale du blason de du Guesclin. Ce héros mourut le 13 juillet 1380, et le roi Charles V, le 16 septembre suivant.

PAGE 41.

⁴⁹ *Lors descendirent Xᵐ Englois à Calois.*] L'envoi en France de cette armée, pour secourir le duc de Bretagne,

avait été arrêté dans le Parlement de Pentecôte, fête qui en 1380 tomba le 13 mai. Mais cette armée ne passa en France qu'à l'été et traversa le royaume, de Calais en Bretagne, dans le temps de la mort du roy Charles V. (D. Lobineau, *H. de Bret.*, I, 430, 431, 432.)

⁵⁰ *Coucy.*] Les deux Mss. portent *Couray*, faute évidente, car ici encore Saint-Paul ne fait guère que mettre en prose Guillaume de Saint-André, qui dit (D. Morice, *Pr.*, II, 354; édit. Charrière, p. 539-540):

> L'en li doit ostages bailler,
> Coucy, sire Charles d'Artois,
> Et l'Amirant qui est François,
> Et le Bueil qui du roy a gages.

L'Amirant était l'amiral Jean de Vienne. L'*Histoire de Bretagne* donne un peu autrement les noms de ces otages. (Voir D. Lobineau, I, p. 438.)

⁵¹ *L'appointement parlé,*] c'est-à-dire arrêté verbalement. Il fut même arrêté et conclu par écrit entre le duc de Bretagne et les ambassadeurs du roi de France, sous la date du 15 janvier 1381. (Voir D. Morice, *Pr.*, II, 298-301.)

⁵² *Thabari.*] Le Ms. porte « Thabart, » faute; cf. Guill. de Saint-André (édit. Charrière, p. 541; D. Morice, *Pr.*, II, 302, 355; et D. Lobineau, *Hist. de Bret.*, I, p. 438.)

PAGE 42.

⁵³ *L'astiacre.*] L'archidiacre du Désert. Cet archidiaconé faisait partie du diocèse de Rennes.

⁵⁴ Cette ratification du traité de paix entre la Bretagne et la France eut lieu effectivement à Guérande, le vendredi 4 avril 1381 (n. st.), dans l'église de Notre-Dame la

Blanche : d'où vient qu'on appelle souvent cette paix « le second traité de Guérande. »

[55] *Leurs cœurs.*] Le Ms. porte « leurs *cours*, » — faute.

[56] *Montrelois.*] « Montrelaix » dans Guill. de Saint-André. C'est Morlaix.

[57] *On deloia jusqu'à la S. Jean.*] Le délai fut un peu moins long ; le roi donna au duc main-levée du duché de Bretagne le 11 juin. (D. Lobineau, *H. de Bret.*, p. 441.)

PAGE 43.

[58] *Pillemy.*] Le château de Piremil ou Pirmil, au bout des ponts de Nantes, sur la rive gauche de la Loire.

[59] *Eschiuer.*] Eviter, obvier, c'est notre mot *esquiver*.

[60] *D'Engeou.*] Ici et dans quelques autres passages, le Ms. de l'Arsenal porte « d'Engou, » — qui semble une aute du copiste.

[61] *De grands prieres.*] Nous dirions aujourd'hui « de grands compliments. »

[62] *Conseilloint deux à deux.*] Se communiquaient l'un à l'autre leur étonnement. Cette expression est de Guillaume de Saint-André. (D. Morice, *Pr.*, II, 357 ; édit. Charrière, p. 545) :

> Les Angevins estoint dolens,
> Et si estoint trestous honteux :
> Pour ce conseilloint deux à deux.

PAGE 44.

[63] *Voleurs.*] Maraudeurs.

[64] *S'en taise.*] Le Ms. porte « s'en taesse. »

[65] *Aprouué.*] Eprouvé.

[66] *Monseigneur.*] La copie des Bl.-M* (XLVI, p. 290) porte : *Monsieur.* Les termes de cette amende honorable

avaient été réglés par le traité du 15 janvier 1381 ; le duc
devait dire au roi : « Mon très redoubté seigneur, je vous
suplye que vous me veillez pardonner ce que je vous ay
courroucé, dont il me desplaist fort et de tout mon cœur.»
(D. Morice, *Pr.*, II, 298.) — Cette entrevue entre le duc
et le roi et la cérémonie de l'hommage dont elle fut suivie
eurent lieu à Compiègne, le vendredi 27 septembre 1381.
(D. Morice, *Ibid.*, 376.)

PAGE 45.

⁶⁷ *En estant sur ses piedz,*] c'est-à-dire, debout Le procès-verbal de l'hommage dit pourtant : « Caputiò deposito
et *genibus flexis.* » (D. Morice, *Pr.*, II, 376.)

⁶⁸ *Un emparlier.*] Cet orateur, d'après le procès-verbal, n'était rien de moins que le chancelier de France. (D.
Morice, *Ibid.*, 377.)

⁶⁹ *Ledict hommaige.*] Le Ms. porte : « le faict hommaige, » — faute.

⁷⁰ *Une lettre du duc Artur de Bretaigne.*] Il s'agit de
l'hommage rendu, en 1199, au roi Philippe-Auguste, par
Arthur Iᵉʳ, duc de Bretagne, fils de la duchesse Constance
et du duc Geoffroy II. (Lobineau, *Hist. de Bret.*, I, 180.)

PAGE 46.

⁷¹ *Qu'il estoit son parent et qu'il estoit plus crainct, etc.*]
Ces deux *il* se rapportent au roi de France.

NOTES DU CHAPITRE IV

Suite du règne de Jean le Victorieux.

PAGE 47.

u père du duc Jan l'esné.] Ces sept mots seuls forment le titre de ce chapitre dans le Ms. de l'Arsenal. *Jean l'aîné,* c'est le duc de Bretagne Jean V, que Saint-Paul appelle ainsi à la première ligne du chapitre suivant (ci-dessus, p. 51), parce qu'il était l'aîné des enfants de Jean IV. — Dans le Ms. de l'Arsenal, le copiste a laissé une page blanche entre ce titre et l'extrait qui précède ; en tête de ce chapitre-ci il a mis la note suivante, qui se rapporte à tout le reste de la Chronique : *Tout cecy extraict de Jean de St-Paul, qui commence icy à continuer Guillaume de St-André.* C'est en effet à partir d'ici que Saint-Paul, n'ayant plus Saint-André pour guide, devient chroniqueur original.

² Cette première campagne de Charles VI contre les Flamands, qui se termina par l'écrasement de ceux-ci à Rosbeck, est de 1382 ; le duc de Bretagne n'y parut pas ; mais il prit une part importante à la seconde campagne, dont Jean de Saint-Paul parle ensuite, et qui est de 1383. Cf. D. Lobineau, *Hist. de Bret.*, p. 446-448.

PAGE 49.

³ Nous ne croyons pas qu'on trouve ailleurs ces curieux détails sur les préliminaires du mariage de Jeanne de

France, fille du roi Charles VI, avec le fils aîné du duc Jean IV, qui fut lui-même Jean V de Bretagne. Mais ces faits sont notablement postérieurs à la guerre de Flandre de 1383, car le fils aîné de Jean IV naquit seulement le 24 décembre 1389. (D. Morice, *Preuves*, I, 58 et 115.) Son mariage avec Jeanne de France fut arrêté environ deux ans après, à Tours, par un acte du 26 janvier 1392 n. st. (D. Morice, *Pr.*, II, 590-563), mais il ne fut réalisé qu'en décembre 1396 (Id., *Pr.*, I, 77 ; et D. Lobineau, *Hist. de Bret.*, I, 494-495.)

⁴ Le roi de France demandait au duc Jean IV, non de « vuider la duché de Bretaigne, » mais de lui livrer Pierre de Craon qui, à Paris, le 16 juin 1392, avait attenté aux jours du connétable Olivier de Clisson, et s'était d'abord réfugié en Bretagne. Les détails qu'on donne ici sur la manière dont Jean IV reçut les sommations de Charles VI et se mit en devoir de repousser l'invasion française, ne se trouvent, croyons-nous, que dans notre Chronique.

PAGE 50.

⁵ *La malladye estoict au roy prinse en la ville du Mans.*] Il s'agit de la folie furieuse dont le roi Charles VI, marchant contre la Bretagne à la tête de son armée, fut pris tout à coup, entre le Mans et Sablé, le 5 août 1392.

⁶ *N'avinseist.*] Imparfait du subjonctif plus ou moins régulier du verbe *avenir* ou *advenir*.

⁷ *Voua à Dieu qu'il iroit venger sa mort.*] En marge du Ms. de l'Arsenal (f. 110 v°) une main plus récente a écrit : « Cecy est faulx, car le duc secourut le comte Dherby. » C'est le comte de Derby, fils du duc de Lancastre, qui détrôna le roi d'Angleterre Richard II et se fit couronner à sa place, le 13 octobre 1399, sous le nom d'Henri IV. Jean IV

lui avait fourni trois bâtiments pour passer en Angleterre, mais il croyait que le comte y allait pour se réconcilier avec Richard, à qui le duc était reconnaissant de lui avoir depuis peu de temps rendu Brest (1397). Il semble au contraire que le nouveau roi Henri IV avait peu de confiance dans les sentiments de Jean IV à son égard, car dès le 20 octobre 1399, il donna à Raoul Nevil le comté de Richemont qui appartenait au duc de Bretagne. (D. Morice, *Pr.*, II, 698.) Les sentiments que Jean de Saint-Paul attribue à celui-ci sont donc très vraisemblables, quoiqu'ils ne soient attestés que par ce chroniqueur, et il n'y a pas lieu d'y opposer un démenti.

⁸ *Describer.*] Le Ms. porte « destrier, » — faute.

⁹ *Ses jours.*] Le Ms. porte « les douts, » — faute. Jean IV mourut à Nantes dans la nuit du 1ᵉʳ au 2 novembre 1399.

¹⁰ Jean IV, duc de Bretagne, fut effectivement marié trois fois; sa troisième femme, qu'il épousa le 11 septembre 1386, s'appelait *Jeanne* de Navarre et non *Isabeau*; son nom est si connu que Jean de Saint-Paul n'avait pu s'y tromper, *Isabeau* doit être une faute du copiste. Il n'y a point de doute non plus sur le nom de sa première femme, Marie d'Angleterre, fille du roi d'Angleterre Edouard III. Quant à la seconde, elle se nommait Jeanne; elle mourut en 1384; D. Lobineau l'appelle « Madame Jeanne d'Angleterre, autrement dite de Hollande, fille de la princesse de Galles et de Thomas de Hollande son premier mari. » (*Hist. de Bret.*, I, 402.) Notre chroniqueur se trompe donc en la disant fille du roi d'Espagne.

NOTES DU CHAPITRE V

Chronique de Jean le Sage.

PAGE 52.

A *victoire.*] La victoire d'Aurai, 29 septembre 1364.

² *Philippes, duc de Bourgoigne.*] Frère du roi Charles V. Par son testament Jean IV de Bretagne avait donné à ce duc la régence de son fils Jean V, dont la minorité prit fin le 24 décembre 1403. Mais le duc de Bourgogne ne résidant point en Bretagne, Jean de Saint-Paul a raison de dire que « le païs se conduisoit par les Estatz, » c'est-à-dire par le conseil des principaux seigneurs et prélats.

PAGE 53.

³ *Agincourt.*] Le Ms. porte : « Agnicourt » ou « à Guicourt, » — faute. C'est la trop célèbre défaite d'Azincourt, subie par les Français le vendredi 25 octobre 1415.

⁴ *Le comte de Paintevre et ses freres.*] Le comte de Penthièvre était Olivier de Blois, petit-fils du vaincu d'Aurai, fils de Jean de Blois et de Margot de Clisson fille du connétable. Olivier avait trois frères, Jean seigneur de L'Aigle, Charles sire d'Avaugour, et Guillaume de Blois.

⁵ *Revenir.*] Le Ms. a « devenir » — faute.

PAGE 54.

⁶ *Deslouoient.*] Blâmaient, condamnaient.

⁷ *Il ne voulit croire conseil.*] On sait que le duc Jean V, victime d'un guet-apens des Penthièvre, fut pris par eux le 13 février 1420, au pont de la Troubarde sur la Divatte, et enfermé d'abord dans le château de Palluau, puis dans celui de Châteauceaux. (D. Lobineau, *H. de Bret.*, I, p. 542, 543; D. Morice, *Pr.*, II, 998 à 1003.)

⁸ *Janne de France.*] Fille du roi Charles VI et femme de Jean V, duc de Bretagne.

⁹ *Monseigneur de Rohan, qui cousin germain estoit de ceux de Blois.*] Alain VIII, vicomte de Rohan, qui ne mourut qu'en 1429, avait épousé Béatrix de Clisson, fille du connétable et sœur de Margot de Clisson, mère d'Olivier de Blois et de ses trois frères; il était donc leur oncle. Alain de Rohan, fils aîné et futur successeur d'Alain VIII, était leur cousin-germain; il portait alors le titre de comte de Porhoët; c'est de lui qu'a pu vouloir parler Jean de Saint-Paul, d'autant que c'est lui dirigea le siège de Châteauceaux (dont il va être question tout à l'heure) et procura ainsi la délivrance de Jean V (D. Lobineau, *Hist. de Bret.*, I, 547.)

¹⁰ *Le roy qui avoit consenty tacitement la prinse du duc.*] Non pas le roi Charles VI, qui ne comptait plus, mais le dauphin qui allait être Charles VII. (Voir D. Lobineau, *Hist. de Bret.*, I, 543, 544, 548.)

¹¹ *Le duc leur prince leur fut rendu.*] Les Penthièvre rendirent la liberté au duc le 5 juillet 1420, après une captivité de près de cinq mois. (D. Lobineau, *Hist. de Bret.*, I, 549.)

PAGE 55.

[12] *Le duc maria son fils François à Yolend d'Aniou...
sœur du roi de Secille.*] Elle était fille d'Iolande d'Aragon
et de Louis II, duc d'Anjou, roi de Naples et de Sicile, et
sœur de Louis III qui avait succédé aux titres et biens de
son père. Le traité de mariage est des 13 et 20 août 1431
(D. Morice, *Pr.*, II, 1237-1243.) Le mariage fut célébré
quelques jours après. François de Bretagne, comte de
Montfort, héritier présomptif de Jean V, était né en 1410.
(D. Lobineau, *H. de Bret.*, I, 520.) Mais pourquoi Jean
de Saint-Paul écrit-il : « Madame Yolend d'Aniou,
Rollant Rengo ? » Ces deux derniers mots sont soulignés
dans le Ms. de l'Arsenal. Jusqu'à nouvel ordre on ne peut
guère y voir autre chose qu'un surnom familier de
madame Iolande d'Anjou.

[13] *Jan duc d'Alençon.*] Il était fils de Jean Iᵉʳ, aussi duc
d'Alençon, tué à Azincourt, et de Marie de Bretagne,
fille du duc de Bretagne Jean IV et de Jeanne de Navarre.

[14] *De grant sçauoir.*] Le Ms. porte « de grand auoir, » —
faute.

[15] *Il le print.*] C'est Jean II, duc d'Alençon, qui s'em-
para du chancelier de Bretagne, au moment où celui-ci le
reconduisait par déférence. Mais ce fait n'eut lieu qu'en
décembre 1431. Le duc d'Alençon était venu en ce mois à
Nantes pour obtenir le paiement d'un reliquat qui lui
était dû sur la dot de sa mère. Et comme on ne l'avait
pas satisfait, il se saisit de la personne du chancelier et le
retint en son château de Pouancé, pour forcer le duc de
Bretagne de s'exécuter. (Voir D. Lobineau, *Hist. de Bret.*,
I, 588-589 ; et *Pr.*, II, 1248-1250.)

[16] *Monstres.*] Le Ms. porte « nunmbres, » — qui semble

une faute du copiste, probablement pour « munstres » ou
« monstres. »

[17] *Le duc d'Alençon requit pardon au duc et à lui se
pacifia.*] Le duc de Bretagne mit le siège devant le château
de Pouancé le 5 janvier 1432 par un froid violent. Le duc
d'Alençon, craignant d'être pris de vive force, sortit de
Pouancé et se réfugia à Châteaugontier, d'où il fit de son
mieux pour secourir les assiégés. Mais voyant les forces des
assiégeants grossir sans cesse, il prit pour médiateur près
de Jean V le propre frère de celui-ci, le connétable de
Richemont. Il délivra le chancelier, remit sa place de la
Guerche aux mains de Jean V, et celui-ci leva le siège de
Pouancé le 21 février 1432. Le traité est du 19. (Voir D.
Morice, *Pr.*, II, 1232, 1234, 1235, 1248-1250, 1252 ; et
D. Lobineau, *Hist. de Bret.*, I, 589-591.

[18] *Et fina ses jours.*] Jean V mourut le 28 août 1442.

NOTES DU CHAPITRE VI

Mœurs de François le Bien-Aimé.

Pᴇssᴀɴᴛɪʀ.] Découvrir, discerner.

² *En s'efforçant.*] En faisant effort pour découvrir les motifs qui avaient poussé tel ou tel à mal parler d'autrui.

³ *Tant plus estoit son proche.*] Plus celui qui disait du mal d'autrui tenait de près au duc.

NOTES DU CHAPITRE VII

Histoire de François le Bien-Aimé.

PAGE 58.

Nes *treves.*] Cette trève avait été renouvelée le 17 mars 1448, à la suite de la reddition du Mans aux Français. (D. Lobineau, *Hist. de Bret.*, I, p. 631.)

² *St Jame de Bovron.*] St Jame de Beuvron, ch.-l. de canton du dép. de la Manche, arr. d'Avranches.

³ *Par vng eschellement.*] Fougères fut surprise par les Anglais le 24 mars 1449. (D. Lobineau, *Ibid.*, p. 633.)

PAGE 59.

⁴ *De Presigné.*] Bertrand de Beauvau, seigneur de Précigni, bailli de Touraine. (D. Morice, *Pr.*, II, 1452.)

⁵ *L'allience du roy et du duc.*] Le texte de ce traité d'alliance, daté du 27 juin 1449, est donné dans D. Morice, *Pr.*, II, 1451-1454.

⁶ *Sainct Lo.*] Saint-Lô fut pris par les Bretons le 17 septembre 1449.

⁷ *Les Anglois la rendirent.*] Fougères fut rendue par capitulation au duc de Bretagne le 4 novembre 1449, après un siège de deux mois. (Lobineau, *Hist. de Bret.*, I, 639.)

⁸ Avranches ne fut prise qu'en mai 1450, après la bataille de Formigni.

PAGE 60.

⁹ *Keruel*.] D. Lobineau l'appelle Kyriel. (*Ibid.*, p. 641.)

¹⁰ *Fremigné*.] C'est Formigni, cᵉ de Trévières, arrond. de Bayeux, Calvados. Richemont livra là, le 15 avril 1450, une bataille fort importante, qui coûta aux Anglais 3,000 morts, 1,500 prisonniers, et qui leur enleva la Normandie.

PAGE 61.

¹¹ *Ne vous cutez pas*.] Ne vous cachez pas.
¹² *Son beau pere*.] Son confesseur.

PAGE 62.

¹³ *Se reconcilia*.] Reçut l'absolution.
¹⁴ *Print à tirer*.] Il commença à tirer son haleine avec peine, c'est-à-dire à entrer en agonie.

PAGE 63.

¹⁵ *A l'abbaye de Redon, devant le grand aultier de Sainct Sauveur, et là repose*.] Il y a à Redon, dans la première chapelle méridionale de l'abside de l'église Saint-Sauveur, un tombeau de style gothique, voûté et sculpté, que l'on indique actuellement comme celui du duc François Iᵉʳ. Erreur évidente, puisque ce prince fut inhumé *devant le grand autel*, comme le dit Jean de Saint-Paul, et comme D. Morice (*Hist.*, II, p. 37) le constatait au dernier siècle, alors que tous les tombeaux de Redon subsistaient encore.

NOTES DU CHAPITRE VIII

Du temps de Pierre le Simple.

PAGE 64.

CEULX *de ville de Bordeaulx se retournèrent vers les Englois.*] Après la campagne de 1450 qui, grâce à la victoire de Formigni, ôta la Normandie aux Anglais, les Français enlevèrent à ceux-ci la Guienne en deux brillantes campagnes, 1451 et 1452. Mais l'année suivante, Talbot ayant débarqué dans le Médoc avec 5,000 Anglais, toute la Guienne, où les Français avaient laissé peu de troupes, se souleva contre ces derniers. Le roi Charles VII y envoya de nouveau son armée, renforcée d'un corps de troupes bretonnes aux ordres de François de Bretagne, comte d'Etampes, mais en réalité commandé par les sires de Montauban et de la Hunaudaie. L'événement décisif de cette campagne fut la bataille de Castillon, gagnée le 17 juillet 1453, par les Français ou plutôt par les Bretons, et dont Jean de Saint-Paul nous donne ici un curieux récit.

PAGE 65.

² *Racuil.*] Accueil, réception.

³ *Castillon.*] Aujourd'hui chef-lieu de canton de l'arrond. de Libourne, dép. de la Gironde.

⁴ *Vn tres beau champ.*] Un très beau camp.

⁵ *En une plene belle en battaille.*] En bataille dans une belle plaine.

PAGE 66.

⁶ *Les François clairissoient.*] C'e.ᵗ à-dire que leurs rangs devenaient clairs. La copie des Bl.-Mˣ porte « clair-cissoient. »

⁷ *Et le leur monstroit.*] C'est le capitaine breton qui montrait cela aux Français.

⁸ *Sans courtoysie ne prières.*] Sans compliments et sans se faire prier.

⁹ *Car les Englois connurent bien le* sanguin *de Bretagne.*] Le tempérament sanguin, l'impétuosité belliqueuse des Bretons.

¹⁰ *Celle de Sainct George.*] La bannière anglaise.

¹¹ Cette victoire de Castillon et la mort de Talbot décidèrent du sort de la Guienne, qui fut de nouveau, en peu de temps, tout entière et pour toujours, soumise aux Français.

¹² *Et passa à Nantes l'an IIIIᶜᶜ LVII.*] Le duc Pierre II *trépassa* en effet à Nantes, le 22 septembre 1457. (D. Morice, *Pr.*, I, 117, et II, 1709).

PAGE 67.

¹³ *Ne retint nul des seruiteurs de ses predecesseurs.*] Notre auteur l'éprouva par lui-même ; il était dans la maison et dans la confiance du duc François Iᵉʳ, plus tard il fut chambellan du duc François II, mais sous Pierre II, nulle part on ne le trouve, il fut mis à l'écart.

NOTES DU CHAPITRE IX

Chronique d'Arthur le Justicier.

¹ᵁᵀ *monsieur Artur prisonnier au roy Henry.*] Henri V, roi d'Angleterre du 20 mars 1413 au 31 août 1422. Ce n'est pas lui, mais son père Henri IV qui avait épousé Jeanne de Navarre, veuve de Jean IV duc de Bretagne, mère du duc Jean V et d'Arthur comte de Richemont.

² *Le roi Henry le deliura.*] Richemont recouvra la liberté au bout de cinq ans, en vertu du traité de Corbeil, conclu le 22 juillet 1420. (D. Morice, *Pr.*, II, 1033-1037.)

³ *Le roy de France le fist son connestable.*] Richemont prêta le serment de connétable le 7 mars 1425. (D. Lobineau, *Hist. de Bret.*, I, 564-565.)

⁴ *Quand il chevauchoit.*] Il, c'est Richemont.

⁵ *Rottiers.*] Routiers.

⁶ *Boesgency.*] Beaugenci. — La prise de Beaugenci par les Français et la bataille de Patai, qui suivit de près cette prise, sont de l'an 1429.

⁷ *Il reduict grand partie de Picardie et la conté de Champagne.*] Ces événements sont de l'an 1434.

⁸ Arthur de Richemont épousa à Dijon, en avril 1422, Marguerite de Bourgogne, fille de Jean duc de Bourgogne

et de Marguerite de Bavière, veuve de Louis, fils du roi de France Charles VI, lequel Louis, après avoir été dauphin de Viennois et duc de Guienne, était mort en 1415. On appelait ordinairement sa veuve Madame de Guienne.

PAGE 70

⁹ Le traité d'Arras, qui réconcilia le duc de Bourgogne Philippe le Bon avec le roi de France et retira aux Anglais l'alliance de ce duc, fut conclu le 21 septembre 1435. La conférence de Nevers, qui avait préparé ce traité, avait eu lieu dans les premiers mois de la même année.

¹⁰ Après avoir battu les Anglais près de Saint-Denis, le connétable de Richemont s'approcha de Paris, dont les portes lui furent ouvertes par les bourgeois le 13 avril 1435.

PAGE 71.

¹¹ *Fina ses jours à Nouel l'an M.CCCC.LVIII.*] Le Ms. de l'Arsenal porte « M.CCCC.LX, » — faute évidente du copiste. Arthur III, duc de Bretagne, mourut à Nantes le 26 décembre 1458.

NOTES DE LA CHRONIQUE ABRÉGÉE
DES DUCS DE BRETAGNE

PAGE 81.

Après le roi Audren, le copiste du XVIe siècle a omis le roi Budic, le 5e de la dynastie conanienne, d'après Geoffroi de Monmouth.

PAGE 82.

² *En Gallie.*] En Gaule.

PAGE 83.

³ Jean de Saint-Paul est, à notre connaissance, le seul auteur qui attribue au roi Alain Ier la fondation de l'abbaye de Saint-Melaine de Rennes.

⁴ Le copiste du XVIe siècle a omis ici les trois derniers rois de la dynastie conanienne, Hoël III, Salomon II, Alain II dit le Long.

⁵ *Clotolde, duc d'Aquitaine.*] Son nom était Williachaire (V. Gregor. Turon. *Hist. eccl. Franc.*, IV, 20), dont les vieux auteurs français ont fait Guillachaire et même Guillotaire, ce qui se conçoit encore à la rigueur. Mais comment notre chroniqueur a pu arriver de là à *Clotolde*, on ne le voit guère. D'ailleurs, ce n'est pas Conober, mais Chramne, qui avait épousé la fille de ce duc d'Aquitaine. (Greg. Turon., *Ibid.*)

⁶ *Cloctuaire.*] Le roi Clotaire Ier.

⁷ *Rouuallous.*] C'est Riwallon ou plutôt Riwal, qui en l'an 514, passa de la Grande-Bretagne dans la Petite à la tête d'une nombreuse émigration *(cum multitudine navium)* et fonda sur la côte nord de notre péninsule le royaume breton de Domnonée. Jean de Saint-Paul est le seul à le faire descendre d'Ivor et de Cadwaladre.

PAGE 84.

⁸ *Mourmargzo.*] On ne sait par quelle méprise le copiste du XVIᵉ siècle remplace ici le nom de RIATHAM, qui dans tous nos documents historiques est donné comme le fils et successeur de Déroch, par ce mot *Mourmargzo* qui est le Murmaczon, Meurmarzou et mieux Mur-Marc'hou, surnom de Riwelen de Cornouaille, transporté à tort à Riwal de Domnonée par la *Chronique de Saint-Brieuc.*

⁹ *Tremoray qui fut sainct.*] Il s'agit sans doute ici de S. Trémeur, mais il n'était pas fils de Jona ; il était fils de Comorre et de sainte Trifine.

¹⁰ *Chaitiffaison.*] Captivité, de *captivationem*, comme « chétif » de *captivus.*

¹¹ *Judual... amena avecq luy la royne du palais.*] C'est-à-dire Ultrogothe, femme de Childebert Iᵉʳ, roi de Paris. Nulle part ailleurs il n'est question de cet enlèvement ni du prétendu mariage d'Ultrogothe avec Judual.

PAGE 85.

¹² *Judicaël... s'en alla à Perronne.*] Non pas à Péronne, mais à Clichy *(Clippiaco)*, selon la Chronique de Frédégaire.

¹³ *Marmonus.*] Et mieux *Mormanus.* C'est le roi Morvan, contre lequel Louis le Débonnaire fit en personne, en 818, l'expédition si curieusement décrite par Ermold le Noir.

[14] *Reinal conte.*] Les noms propres sont ici affreusement travestis ou plutôt massacrés par le copiste du XVI⁰ siècle ; Nominoë n'est pas reconnaissable, bien qu'il s'agisse de lui indubitablement. Reinald ou Reginald, comte de Poitou, vaincu et tué à Blain par les Bretons en 843 (*Chron. Nannet.* dans D. Morice, *Pr.*, I, 136), est simple-ment déguisé en *Kerimal*...

[15] *Psalmon (Salomon III) feut outre mer et sur les Sara-ʒins.*] Allusion à une légende, consignée dans la *Chanson des Saisnes* et avec quelques variantes dans la *Chronique de Saint-Brieuc*, suivant laquelle Salomon alla, non outre-mer mais outre-Rhin, batailler non contre les Sar-rasins mais contre les Saxons et tuer leur roi Witikind. — Il serait possible que la métamorphose des Saxons en « Sarazins » ne fût ici qu'une nouvelle méprise du co-piste du XVI⁰ siècle.

PAGE 86.

[16] *Erispogeus.*] Le Ms. de l'Arsenal porte *Esgespogeue*. Notez que le copiste du XVI⁰ siècle a complètement omis à son rang ce roi *Erispogeus*, qui n'est autre qu'Erispoë, tué en effet par son cousin Salomon, qui lui succéda.

[17] La tombe d'Alain Barbetorte se voyait encore dans l'église Notre-Dame de Nantes avant la Révolution.

PAGE 87.

[18] *Adostan*, et plus loin *Adostain*, c'est Athelstan, roi d'Angleterre de 924 à 947. Le *Chronicon Briocense* le nomme de même *Adaustensis*, dans D. Morice, *Pr.*, I, 26 et 27.

PAGE 89.

19 *Nantes, laquelle les Norvyens resparoient.*] Telle est la leçon du Ms. de l'Arsenal, nous la croyons fautive, nous hésitons entre deux corrections : l'une consistant à substituer *remparoient* à *resparoient*, qui n'est guère de la langue de ce temps ; l'autre (que nous inclinons à préférer) porterait : « Nantes, *en* laquelle les Norvyens *repairoient.* »

20 *Vng chevalier Sauçҳon,*] c'est-à-dire *Saxon.* En breton, les Anglais, descendants des anciens Saxons ou Anglo-Saxons, sont encore aujourd'hui nommés *Saoҳ*, et au singulier *Saoҳon* ou *Sauҳon.*

PAGE 90.

21 *De laquelle le duc se doubta.*] Dont il redouta la colère. Cette histoire, peu authentique mais curieuse, du combat d'Alain Barbetorte contre le chevalier Saxon est narrée avec détail dans le *Chronicon Briocense.* (Bibl. Nat. Ms. 6003, f. 82 et 83.)

22 *Et là repose.*] La *Chronique Briochine* conte aussi avec détail les circonstances qui obligèrent à transporter le corps d'Alain Barbetorte de Saint-Donatien à Notre-Dame (dans D. Morice, *Pr.*, I, 29), mais on n'y trouve pas ce nom de Notre-Dame *d'Estrée*, mentionné par Jean de Saint-Paul.

PAGE 91.

23 *Seignourir.*] Exercer les droits de seigneur, on dit aussi « seigneurier. »

24 *Après, régna Guerech en la duché et evesché de Nantes.*] Ni Guérech ni son frère Hoël n'ont été ducs de Bretagne, leur pouvoir ne s'étant point étendu hors du comté de Nantes.

PAGE 92.

25 *Conan Berangier, comte de Rennes.*] Conan Berenger, à cause de son père Juhel Berenger. Il est plus connu sous le nom de Conan le Tort ou Conan Iᵉʳ, duc de Bretagne depuis la mort de Guérech en 987 jusqu'à sa propre mort en 992. — Le copiste du XVIᵉ siècle a omis de mentionner, après ce Conan, son fils GEOFFROI Iᵉʳ, comte de Rennes et duc de Bretagne, de 992 à 1008.

26 Conan II, duc de Bretagne, mourut en 1066, non « en sa minorité, » mais sans enfant légitime pour lui succéder.

27 Conan III dit le Gros, en mourant en 1148, désavoua son fils Hoël. Sa fille Berthe fut mariée d'abord à Alain de Penthièvre dit le Noir, comte de Richemont, mort en 1146, puis à EUDON II comte de Porhoët, qui après la mort de Conan le Gros fut pendant quelque temps duc de Bretagne. Mais il dut céder la place au fils d'Alain le Noir, qui fut duc sous le nom de CONAN IV et mourut en 1171. Sa fille la duchesse CONSTANCE épousa successivement GEOFFROI Plantagenet (fils d'Henri II, roi d'Angleterre) et GUI de Thouars, qui tous deux à cause d'elle furent ducs de Bretagne. Elle eut de Geoffroi un fils qui fut duc sous le nom d'ARTHUR Iᵉʳ, et de Gui une fille, Alix, qui porta le duché de Bretagne à PIERRE de Dreux, surnommé Mauclerc, lequel eut pour fils et successeur JEAN Iᵉʳ, dit le Roux. — Le copiste du XVIᵉ siècle a omis en bloc tous les ducs de Bretagne compris entre Conan III et Jean le Roux.

PAGE 93.

28 Le duc Jean le Roux fonda l'abbaye de Prières en 1252, et la duchesse sa femme celle de la Joie près Hennebont vers 1270. Mais les autres abbayes dont Saint-Paul attribuc l'origine à ce prince avaient été fondées longtemps avant lui, savoir, Villeneuve en 1200, Mellerai en 1145, Lanvaux en 1138, et Saint-Aubin en Penthièvre ou Saint-Aubin des Bois en 1137.

[29] L'histoire du duc Jean II est ici un peu enjolivée. Il n'était nullement comte de Champagne. Quand il se trouva à Lyon, il ne revenait ni de Rome ni de Jérusalem, il était venu de Bretagne pour traiter d'affaires avec le nouveau pape Clément V, au couronnement duquel il prit part en cette ville même, le 14 novembre 1305, et c'est pendant cette cérémonie qu'il reçut un pan de mur sur le corps, accident dont il mourut quelques jours après.

[30] Le siège de Tournai est de l'an 1340. Le duc de Bretagne Jean III mourut à Caen, en revenant de cette expédition, le 30 avril 1341.

PAGE 94.

[31] *Charles de Blois contraria le duc Jan, comte de Montfort.*] Il s'agit ici du comte de Montfort, frère puîné du duc Jean III, et qui mourut en 1345. Il ne fut jamais que prétendant, on ne le compte point entre les ducs de Bretagne ; mais Jean de Saint-Paul, grand partisan des Montfort, lui en donne le titre.

[32] *Jean de Montfort le Victorieux.*] Fils du comte de Montfort et de Jeanne de Flandre, né en 1341, duc de Bretagne sous le nom de Jean IV après la bataille d'Aurai et le traité de Guérande.

TABLE DU VOLUME

Chronique abrégée des rois et ducs de Bretagne avant la maison de Montfort.

Notes et éclaircissements.

ACHEVÉ D'IMPRIMER

A NANTES

PAR

VINCENT FOREST ET ÉMILE GRIMAUD

POUR LA

SOCIÉTÉ DES BIBLIOPHILES BRETONS

LE XXIX° JOUR D'OCTOBRE

M. DCCC. LXXXI.

DIEV LA CONDVISE

VINCENT FOREST

EMILE GRIMAUD